波萝彩书系

决战

双色球
UNION LOTTO

500万

彩民中奖密钥之定位选号法

彩乐乐 编著

双色球精华版

不验证 不选号 —— 彩乐乐·语

经济管理出版社
ECONOMY & MANAGEMENT PUBLISHING HOUSE

图书在版编目（CIP）数据

决战 500 万——彩民中奖密钥之定位选号法/彩乐乐编著. —北京：经济管理出版社，2020.1
ISBN 978-7-5096-7034-7

Ⅰ.①决… Ⅱ.①彩… Ⅲ.①彩票—基本知识—中国 Ⅳ.①F726.952

中国版本图书馆 CIP 数据核字（2020）第 021920 号

组稿编辑：杨国强
责任编辑：杨国强　张瑞军
责任印制：黄章平
责任校对：张晓燕

出版发行：经济管理出版社
　　　　　（北京市海淀区北蜂窝 8 号中雅大厦 A 座 11 层　100038）
网　　址：www.E-mp.com.cn
电　　话：(010) 51915602
印　　刷：三河市延风印装有限公司
经　　销：新华书店
开　　本：720mm×1000mm/16
印　　张：9.5
字　　数：168 千字
版　　次：2020 年 5 月第 1 版　2020 年 5 月第 1 次印刷
书　　号：ISBN 978-7-5096-7034-7
定　　价：48.00 元

前　言

双色球给我们带来中大奖的期望，同时也为工作之余平添乐趣，开奖前心跳的感觉，使我们紧张、期待，犹如点燃一团火；开奖后则激动或失望，我们也并不陌生。然而号码的选择，有不少彩民拿捏不准，徘徊不定，总是被 33 个号码所束缚。那么，有没有一种方法可以挣脱束缚的枷锁呢？要知道，中奖的第一步就是选出心水号码，本书当中所讲的正是选出心水号码的方法——定位选号法。

通过观察规律和走势，凝结出一套选号技巧，把笼统的选号方法转化成一种步骤，既简单方便，又有科学依据。

本书利用定位选号的方法，将 33 个号码按照每一位置出号概率进行分析，配合基本指标、遗漏分析和杀号定胆等方法的综合应用，力求高概率、简单。

阅读本书时，要先看三个分析案例，做到心中有数后再认真看每个指标的具体分析和验证方法，做到拿捏有度，有张有弛，切不可囫囵吞枣。

一看案例：主要看使用数据的规律和选择使用数据的方式。

二看分析：主要看分析的流程。

三通读：把握全局，寻找突破。

本书提供了一个选号的思路，彩民朋友有自己的选号方法也可以融入其中，在融入的过程中要进行验证，可以通过本书当中的验证方法进行验证分析。

慢慢发现，慢慢领悟，一步一步地做。中不中奖，第一是方法，第二是运气。书中的方法+自己原有的方法，才是最好的方法。

选号时候要分明，

方法结合巧验证。

固定大底携好运，

万事皆俱自然灵。

中彩是一种概率，玩彩是一种乐趣，切勿痴迷！

彩乐乐

目 录

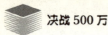

第一章　重要术语解释

（1）关系码：与历史尤其是近 5 期的中奖号码有联系的号码，一般重叠码、边码、斜连码、三角码、对望码、弧形码均归关系码行列。

（2）重叠码：也叫作重复号和遗传号，与上期开出的中奖号码相同的号码。

（3）边码：也叫邻号，与上期开出的中奖号码加减 1 的号码。

（4）斜连码：与历期中奖号码构成斜连形状的号码，斜连码必须由 3 期以上的各一个号码构成。

（5）对望码：上下数期直观上呈现一定的规律（等量、递减、递增、倍增、倍减）而出现的号码。

（6）弧形码：走势图上呈现有序的几何图形的号码。

（7）三角码：走势图上 3 个号码呈现三角形形状的号码。

（8）连号：即相连号，中奖号码按顺序相连。

（9）同位码：也叫同尾球，是指一组中奖号码中尾数相同的号码，一般每组中奖号码里都有 1~2 对同位码。

（10）遗漏：开奖号码中没有出现的号码。

（11）热号：近期尤其近 10 期内出现频繁、表现活跃的号码。

（12）冷号：刚好与热号表现相反，出现频率比较低甚至没有出现的号码。

（13）跳号：隔期出现的号码。

（14）胆码：在某期中极易开出的号码。

（15）AC 值：算术复杂性，是指一组号码组合中任意两个数字的不同正数差值的总数减去"选出数–1"的值。例如，双色球开奖号码 04、07、11、

19、23、26，AC 值的计算方法。"选出数"为 6，将 6 个号码相减：｜07－04＝3｜｜11－04＝7｜｜19－04＝15｜｜23－04＝19｜｜26－04＝22｜｜11－07＝4｜……如此类推，一共 15 个差值，当差值相同时只取一组，在这组数字中有 9 个不同差值。根据 AC 值方程式，AC 值为 9－（6－1）＝4，AC 值是判断所选号码是否符合理论，如选择一组号码，通过 AC 值分析这组号码是否有开出的可能（双色球理论 AC 值范围 3~15）。需要说明的是，玩法不同理论范围也不相同。

（16）对称码：以 34 为基数，相互对称的两个号之和为 34。例如，10 的对称码是 24。

（17）固定定位大底：以定位围码大底作为定位选号的固定模式。

（18）杀号：将下期开奖中几乎不会出现的数字排除，可以大大缩小选号范围。

（19）尾数：01~33 个位数号码称为该号码的尾数，尾数包含 0~9 十个。例如，19 的尾数是 9。

（20）头数：01~33 十位数号码称为该号码的头数，头数包含 0~3 四个。例如，19 的头数是 1。

（21）奇数：不能被 2 整除的数叫作奇数，也称为单数。例如，01、03、05、07……

（22）偶数：可以被 2 整除的数叫作偶数，也称为双数。例如，02、04、06、08……

（23）质数：又称为素数。一个大于 1 的自然数，除了 1 和它本身外，不能被其他自然数整除的数叫作质数。

（24）合数：除了能被 1 和本身整除外，还能被其他数（0 除外）整除的数。而 1 既不属于质数也不属于合数。

（25）012 路：01~33 数字中，除以 3 后余数是几就是几路。例如 11，11 除以 3 余数 2，那么 11 就是 2 路。

（26）0 路：03 06 09 12 15 18 21 24 27 30 33。

（27）1 路：01 04 07 10 13 16 19 22 25 28 31。

（28）2 路：02 05 08 11 14 17 20 23 26 29 32。

(29) 隔期号：按 10 期为一个标准周期的话，有些号码多则出现六七次，少则出现一两次。在每期摇奖后，产生的冷号，大多数情况下会出现 1~2 个，甚至还会形成空缺，而其他正选数字都是在 10 期以内出现过的号码，这些号码就是温号和热号。红球奖号除了经常出现与上期相同的遗传号码外，还会出现一些隔 1~10 期给出过的号码，这种现象我们称为隔期给号。

(30) 频率值：在数字型彩票当中，频率值是待选号码的出现次数。各个奖号的频率值随着摇奖结果不断增加，从整体看，频率值进行一种波浪式的向上运动，称为频率值的周期变化。数值最大的是最高频率值，最小的是最低频率值。中心频率值 =（最高频率值 + 最低频率值）/2，中心频率值的奖号个数应该是频率值号码里最多的个数。数字的频率值具有较强的阶段特征。

(31) 频率值的曲线运动：最高频率值号码开出，拉动最低频率值号码出号，带动低频率值号码连动，低位频率值整体跟进，推动高频率值号码继续上行。

(32) 遗漏值：在乐透与数字型彩票中，是一个特别重要的分析参数，是许多分析方法的理论依据，所反映的不仅是表面现象，更关键的是能反映出发展的方向，这正是使用遗漏值和分析遗漏值的根本原因。

遗漏值的分析，主要指标有单一号码的遗漏值、部分号码的遗漏值、平均遗漏值、遗漏值振幅、遗漏值数字特征等。

(33) 概率学：自然界和社会上所观察到的现象分为确定现象与随机现象。概率学是数学的一个分支，它研究随机现象的数量规律。一方面，它有自己独特的概念和方法，另一方面，它与其他数学分支有紧密的联系。它是现代数学的重要组成部分。概率学的应用广泛，几乎遍及所有的科学技术领域，例如，应聘、谈恋爱、结婚、生子、彩票、军事、经济等。

(34) 统计学：通过搜索、整理、分析、描述数据等手段，以达到推断所测对象的本质，是一门综合性科学。统计学用到了大量的数学及其他学科的专业知识，其应用范围几乎覆盖了社会科学和自然科学的各个领域。

第二章　双色球中的概率与统计

一、概率

（一）红球理论出现概率

表 2-1　红球理论出现概率（%）

红球	一位	二位	三位	四位	五位	六位
01	3.03030					
02	2.55682	0.47348				
03	2.14443	0.82478	0.06109			
04	1.78702	1.07221	0.16496	0.00611		
05	1.47892	1.23243	0.29578	0.02275	0.0042	
06	1.21482	1.32046	0.44015	0.05282	0.00203	0.00002
07	0.98986	1.34980	0.58687	0.09781	0.00587	0.00009
08	0.79950	1.33250	0.72682	0.15800	0.01317	0.00032
09	0.63960	1.27920	0.85280	0.23258	0.02528	0.00084
10	0.50635	1.19925	0.95940	0.31980	0.04361	0.00190
11	0.39627	1.10076	1.04283	0.41713	0.06952	0.00379
12	0.30621	0.99068	1.10076	0.52141	0.10428	0.00695
13	0.23330	0.87489	1.13221	0.62901	0.14898	0.01192
14	0.17498	0.75824	1.13736	0.73594	0.20443	0.01937

续表

红球	一位	二位	三位	四位	五位	六位
15	0.12893	0.64466	1.11740	0.83805	0.27113	0.03013
16	0.09312	0.53721	1.07443	0.93117	0.34919	0.04519
17	0.06573	0.43820	1.01122	1.01122	0.43820	0.06573
18	0.04519	0.34919	0.93117	1.07443	0.53721	0.09312
19	0.03013	0.27113	0.83805	1.11740	0.64466	0.12893
20	0.01937	0.20443	0.73594	1.13736	0.75824	0.17498
21	0.01192	0.14898	0.62901	1.13221	0.87489	0.23330
22	0.00695	0.10428	0.52141	1.10076	0.99068	0.30621
23	0.00379	0.06952	0.41713	1.04283	1.10076	0.39627
24	0.00190	0.04361	0.31980	0.95940	1.19925	0.50635
25	0.00084	0.02528	0.23258	0.85280	1.27920	0.63960
26	0.00032	0.01317	0.15800	0.72682	1.33250	0.79950
27	0.00009	0.00587	0.09781	0.58687	1.34980	0.98986
28	0.00002	0.00203	0.05282	0.44015	1.32046	1.21482
29		0.00042	0.02275	0.29578	1.23243	1.47892
30			0.00611	0.16496	1.07221	1.78702
31				0.06109	0.82478	2.14443
32					0.47348	2.55682
33						3.03030

依据表 2-1 所示，出现概率比较高的号码有：

一位：01 02 03 04 05 06。

二位：04 05 06 07 08 09 10 11。

三位：11 12 13 14 15 16 17。

四位：17 18 19 20 21 22 23。

五位：23 24 25 26 27 28 29 30。

六位：28 29 30 31 32 33。

结果可以作为一个参考项，直接定位引用，效果不算太理想。

（二）号码范围概率

第一位的理论出号范围是 01~28，然而 28 出现在第一位的概率几乎为 0，实际出号范围是 01~21；常态出号范围是 01~11；最大概率出号范围是 01~06。

第二位的理论出号范围是 02~29，实际出号范围是 02~24；常态出号范围是 04~19；最大概率出号范围是 04~11。

第三位的理论出号范围是 03~30，实际出号范围是 04~29；常态出号范围是 07~21；最大概率出号范围是 11~17。

第四位的理论出号范围是 04~31，实际出号范围是 08~30；常态出号范围是 12~28；最大概率出号范围是 17~23。

第五位的理论出号范围是 05~32，实际出号范围是 10~32；常态出号范围是 16~30；最大概率出号范围是 23~30。

第六位的理论出号范围是 06~33，实际出号范围是 11~33；常态出号范围是 20~33；最大概率出号范围是 28~33。

我们可以通过实际出号范围和常态出号范围来分析定位大底，通过定位大底可以提高选择号码的基本概率。

第一位实际出号范围是 01~21，常态出号范围是 01~11。01~21 中 20 和 21 出现的概率特别低，01~11 中又没有包含断一区的号码范围，所以我们取 01~19 为第一位的固定定位号码。

第二、三、四、五位中间四码的取号范围需要大范围捕捉，所以以实际出号范围作为固定定位大底比较稳妥。

第六位实际出号范围是 11~33，常态出号范围是 20~33。11~33 中，11 属于一区号码，六枚号码同时出在同一区的概率特别低，所以，11 我们不做选择，我们取 12~33 为第六位的固定定位号码。

固定定位大底范围：

一位出号范围 01~19，出号概率 19 分之一（5.2631%）。

二位出号范围 02~24，出号概率 23 分之一（4.3478%）。

三位出号范围 04~29，出号概率 26 分之一（3.8462%）。

四位出号范围 08~30，出号概率 23 分之一（4.3478%）。

五位出号范围 10~32，出号概率 23 分之一（4.3478%）。

六位出号范围 12~33，出号概率 22 分之一（4.5454%）。

（三）连号概率

红球共有 1107568 注组合形式，其中连号至少有一组、最多有三组的一共有 730828 注，占全部组合 66% 的比例，仅有一组连号的组合有 583912 注，占全部组合的 52.72%；二组连号组合有 143640 注，占全部组合的 12.97%；三组连号组合有 3276 注，占全部组合的 0.3%。

在一组连号组合中，二连号的组合有 491400 注，三连号的组合有 81900 注，四连号的组合有 9828 注，五、六连号开出的概率极低。

二、统计

统计学是指通过搜索、整理、分析、描述数据等手段，以达到推断所测对象的本质，甚至预测对象未来的一门综合性科学。统计学用到了大量的数学及其他学科的专业知识，其应用范围覆盖了社会科学和自然科学的各个领域。

1. 号码奇偶统计数据（2019001~2019010 期）

一位 偶 偶 奇 偶 奇 奇 偶 偶 奇 偶。

二位 偶 奇 奇 偶 偶 奇 偶 偶 奇 偶。

三位 奇 偶 偶 偶 偶 偶 偶 奇 偶 奇。

四位 奇 偶 奇 奇 偶 奇 奇 奇 偶 偶。

五位 偶 奇 偶 偶 奇 偶 奇 偶 奇 奇。

六位 奇 偶 奇 偶 偶 偶 奇 偶 偶 偶。

2. 号码大小统计数据（2019001~2019010 期）

01~16 为小数；17~33 为大数。

一位 小 小 小 小 大 小 小 小 小 小。

二位 小 小 大 小 大 小 小 小 小 小。

三位 小 小 大 小 大 小 小 小 小 小。

四位 小 小 大 大 大 大 小 小 大 小。

五位 大 小 大 大 大 大 大 大 大 小。

六位 大 大 大 大 大 大 大 大 大 大。

3. 号码质合统计数据（2019001~2019010 期）

质数：01 02 03 05 07 11 13 17 19 23 29 31。

合数：04 06 08 09 10 12 14 15 16 18 20 21 22 24 25 26 27 28 30 32 33。

一位 合 合 质 合 合 质 合 质 质 质。

二位 合 质 质 合 合 质 合 合 质 合。

三位 质 合 合 合 合 合 合 合 合 质。

四位 合 合 合 质 合 质 合 质 合 合。

五位 合 合 合 合 质 合 质 合 质 质。

六位 合 合 合 合 合 合 质 合 合 合。

经过统计多期奇偶、大小、质合的开出情况，我们可以观察其走势来判断接下来的走势情况，达到准确预测的目的。

三、规律总结

（1）旺者恒旺：越是走热越可能开出，跟进是有必要的。

（2）打破局：例如出现奇偶奇偶循环时，很有可能翻转出号，打破这一规律。

（3）物极必反：若一种情况连续出 5 期及以上达到饱和状态后，很可能会翻转回补（与旺者恒旺规律相反），遇到这种情况，要多统计几期后再分析。

第三章　红球选号法与龙头凤尾

一、红球选号法

（1）区间选号法：双色球红球区域共有 33 个备选号码，若将其平均划分成 5 个区间，每期出号小区仅有 4 个左右，另两个小区不出号，这样一来，5 个区间必定会有 1~2 个断区的现象，然后对其进行排除缩小选号范围。

（2）大小、单双选号法：观察历史红球大小、单双的出号比例，其中以 3∶3、4∶2 和 2∶4 的比例为多，利用此方法可以排除偏态现象，也有助于将选号范围缩小，提高准确率。

（3）关系码和非关系码选号法：在红区中奖号码中，关系码出现高达 3~5 个，比例为 60%~85%，所以通过重叠码、边码、对望码、三角码、斜连码、弧形码等关系码的确定，有助于确定具体号码的组合。

（4）连同隔码选号法：出现连码和同位码的现象是很常见的，选号时注意观察连码和同位码可能出现的情况，然后观察间隔码的出号规律，综合考虑横向和纵向号码的出号情况后筛选号码。

（5）冷热温码选号法：号码出号总会有冷热温之分，通过号码冷热程度的判断，可以有效地选择出心水号码，有助于加强关系码和非关系码等号码的确定，从而提高号码的准确性。

（6）恒值选号法：将红球 01~33 按中轴 17 进行左右均分，那么与 17 等距的两个号码之和都是 34，由于每两个号码组合的和都是相同的，所以我们称其为"恒值号",如：最小号 01 与最大号 33 之和为 34，最近距离 16 与 18 之和也是 34，以此类推，在 33 个红球当中可以组成 16 组这样的数字组合，分别为：01 33；02 32；03 31；04 30；05 29；06 28；07 27；08 26；09 25；10 24；11 23；12 22；13 21；14 20；15 19；16 18。

恒值号这个参数指标用作筛选号码较为实用，在实战中应注意以下几点：

（1）定胆后要考虑恒值号出现：历史奖号中，出现一组以上恒值号占 60% 以上，所以，在选定某个红球号码时要注意相对应的恒值号，如定 10 为下期胆码，应同时考虑它的对应恒值号 24。

（2）恒值号易重复：恒值号中一个号码往往会在下期重复，而另一个号码则陷入冷态，成为二选一的绝佳时机，而下一期的恒值号应重点选其他组合。

（3）恒值号出现最多的是：12 22；15 19；16 18；01 33；02 32；05 29。当这些恒值号出现时，下期红球奖号较为分散，不易出现断区。

（4）两组恒值号：一般在上一次开出两组恒值号以后，可以间隔 11 期左右预防两组恒值号再次开出。

当然，在 16 组不同的恒值号组合中，历史开出的频率有较大的差别，可以按照双色球历史开奖号码走势图逐次列出进行比对分析，从这种走势入手进行红球的判断选择。

表 3-1 双色球历史走势

期号	开奖号码						恒值号
19001	06	10	13	15	32	33	无
19002	04	05	06	08	09	18	无
19003	13	17	20	21	22	27	13 21
19004	08	12	16	19	26	32	08 26
19005	21	22	26	28	31	32	无
19006	01	05	10	19	26	28	无
19007	06	10	14	15	19	23	15 19
19008	02	06	09	13	28	32	02 32；06 28
19009	01	07	10	22	31	32	无
19010	02	04	05	08	11	30	04 30

二、龙头凤尾

红球奖号从小到大依次排列，第一位中奖号码称为龙头（首号），第六位称为凤尾（尾号），此两码之和为首尾和。

如何通过首尾号的分析缩小选号的范围？

（一）第一步：推断当期首尾和

（1）我们知道最小首尾和是 7，最大首尾和是 61。也就是说，首尾和的最小字头是 0，最大字头是 6，首尾和按十进制分 6 段：7~10；11~20；21~30；31~40；41~50；51~61。查看首尾和可知，首尾和的字头 0、1、5、6 出现的概率很小，属于偏态。而首尾和的 3 字头出现的概率很高。因此，我们可以根据某一字头历史上最多连续出现的次数来判断下期首尾和的字头。

（2）首尾和 7~61 共 55 个数值，和值 34 处于和值中心位置，称为首尾和均线。我们利用首尾和在均线上下摆动的特点推断当期首尾的大小。

（3）利用首尾和的尾数推断下期首尾和大小。首尾和 7~61 按尾数 0~9 分为十类，这也是一种较为有效的可参考标准，通过尾数的奇偶、大小的出现规律进一步判断。

（二）第二步：利用首尾和推断当期首号和尾号

（1）推断当期是否有断区。假如当期我们推断的首尾和是 38，如果推断第一区间出现断区，则最小的首号就是 09，尾号 38－09＝29，初步缩小投注范围。

（2）当期奖号"掐头去尾"后，我们需要锁定中间 4 个奖号。一般情况下，同期奖号中开出 1~2 个冷号比较正常，同期开出 4 个以上冷号的概率比较小。如果推断的首号和尾号含有冷号，则可以根据奖号遗漏次数淘汰中间奖号的另一部分冷号。

三、龙头分析方法

（一）历史数据分析法

将号码尾数分为 A：1 4 7、B：2 5 8 0、C：3 6 9 三组。以五期为一组会出现 ABABA、ABCAB 或者 ABCBA 几种情况。特殊情况下还会出现 ABACA 或者 ABACB 等。

（二）定位大底分解判断龙头

第一位固定定位大底是 01~19，将号码分为 01~06、07~12、13~19 三部分，其中，01~06 开出的概率相对高一些，07~12 开出的概率一般，13~19 开出的概率较低。还可以将 01~19 分为 01~11、12~19 两部分，其中 01~11 属于一区号码，12~19 属于二区号码。参照附录一。

四、凤尾分析方法

第六位固定定位大底是 12~33，将号码分为 12~19、20~25、26~33 三部分，其中 12~19 概率较低，20~25 开出的概率一般，26~33 开出的概率相对高一些。

第四章　大底围红方法

围红，是彩票选号的第一步，也是关键的一步。

20 个号码围红，其中含 6 个中奖号码，若利用科学的方法进行杀号、定胆，大奖指日可待。

一、隔期围红法（预测 2019007 期）

隔期围红定义：在开奖历史中间隔一期，选择 8 期的号码，作为备选号码。

举例：

（隔 2019006 期）取 2018151~2019005 期。

01 04 05 06 07 08 09 10 12 13 14 15 16 17 18 19 20 21 22 23 25 26 27 28 29 31 32 33（二十八码）。

2019007 期开奖号码：06 10 14 15 19 23　中出六红。

二、同期历史号码围红法（预测 2019007 期）

2004~2018 年 007 期同期号码综合到一起，排除相同的号码，就是围红。

01 02 04 05 07 08 09 10 12 13 14 15 16 17 18 19 20 22 23 24 25 26 27 28 29 30 31 32 33（二十九码）。

2019007 期开奖号码：06 10 14 15 19 23　中出五红。

三、11 期围红法（预测 2019007 期）

11 期选号法定义：从最近开出的一期向前数 11 期，这 11 期作为围红。

举例：

从 2018149~2019006 期开奖号码中排除相同号码，综合起来就是围码。

01 04 05 06 07 08 09 10 12 13 14 15 16 17 18 19 20 21 22 23 24 25 26 27 28 29 31 32 33（二十九码）。

2019007 期开奖号码：06 10 14 15 19 23　中出六红。

四、胆码矩阵围码法（预测 2019007 期）

2019006 期开奖号码：01 05 10 19 26 28 + 12　和值：89。

（1）用 19 减上期和值的尾数，取其左右两码：（0 = 10）

19 − 09 = 10　取胆组：09 10 11。

（2）红 5 位 ×5，取其左右两码：

26 × 5 = 130　130 − 99 = 31　取胆组 1：30 31 32。

130 取尾 10　取胆组 2：09 10 11。

（3）和值拆分求和，取其左右两码：

和值：89　8 + 9 = 17　取胆组：16 17 18。

（4）极合加减第二红，取其左右两码：

极合：28 − 01 = 27　2 + 7 = 9　相加 9 + 5 = 14　相减 9 − 5 = 4　取胆组：03 04 05 13 14 15。

（5）上期与上上期一位相加减，取其左右两码：

2019004 期开奖号码：08 12 16 19 26 32。

2019005 期开奖号码：01 05 10 19 26 28。

8 + 1 = 9　8 − 1 = 7　取胆组：06 07 08 09 10。

（6）红 5 位−红 1 位+−固定 2，取其左右两码：

26 − 1 = 25　25 + 2 = 27　25 − 2 = 23　取胆组：22 23 24 26 27 28。

（7）蓝号×4，取其左右两码：

12×4＝48　48 取 08　48－33＝15　取胆组 07 08 09 14 15 16。

（8）蓝尾＋第三位尾，取其左右两码：

蓝号 12 取 2 尾＋第三位 10 取 0 尾　2＋0＝2　取胆组：02 12 22 32。

（9）上期第六位和第二位相加减，取其左右两码：

第六位 28－第二位 5＝23　取胆组：22 23 24。

（10）向前数 5 期的第六位减上期第一位，取其左右两码：

向上数 5 期 2019002 期第六位开奖号码：18。

上期第一位：01　18－1＝17　取胆组：16 17 18。

2019007 期围码：02 03 04 05 06 07 08 09 10 11 12 13 14 15 16 17 18 22 23 24 26 27 28 30 31 32（二十六码）。

2019007 期开奖号码：06 10 14 15 19 23　中出五码。

第五章　定位选号法概念与分析

一、定位选号法

定位选号法是指利用每一位置的定位出号范围，配合奇偶、质合、大小尾数等指标的可用性判断，得到定位号码，再进行组号或转换成复试方案投注。

优势：

（1）每一位置的号码相对少一些，中奖概率相对高一些；

（2）选号灵活，不必在 33 个号码当中纠结；

（3）经得起检验，每期可定位围中 5~6 码；

（4）使用定位指标分析每一位置号码，更有针对性。

以每一位置的实际出号范围，确定出固定定位大底，大底如下：

第一位：01 02 03 04 05 06 07 08 09 10 11 12 13 14 15 16 17 18 19。

中奖率：[十九分之一（5.2631%）]

第二位：02 03 04 05 06 07 08 09 10 11 12 13 14 15 16 17 18 19 20 21 22 23 24。

中奖率：[二十三分之一（4.3478%）]

第三位：04 05 06 07 08 09 10 11 12 13 14 15 16 17 18 19 20 21 22 23 24 25 26 27 28 29。

中奖率：[二十六分之一（3.8462%）]

第四位：08 09 10 11 12 13 14 15 16 17 18 19 20 21 22 23 24 25 26 27 28 29 30。

中奖率：［二十三分之一（4.3478%）］

第五位：10 11 12 13 14 15 16 17 18 19 20 21 22 23 24 25 26 27 28 29 30 31 32。

中奖率：［二十三分之一（4.3478%）］

第六位：12 13 14 15 16 17 18 19 20 21 22 23 24 25 26 27 28 29 30 31 32 33。

中奖率：［二十二分之一（4.5454%）］

检验如表 5-1 所示。

表 5-1　结果

期数	第一位	第二位	第三位	第四位	第五位	第六位	正误
19001	06	10	13	15	32	33	正确
19002	04	05	06	08	09	18	第五位错
19003	13	17	20	21	22	27	正确
19004	08	12	16	19	26	32	正确
19005	21	22	26	28	31	32	第一位错
19006	01	05	10	19	26	28	正确
19007	06	10	14	15	19	23	正确
19008	02	06	09	13	28	32	正确
19009	01	07	10	22	31	32	正确
19010	02	04	05	08	11	30	正确

经过 10 期的检验，在 19002 期第五位和 19005 期第一位出现错误。

二、定位杀尾

（一）菠萝彩刀山算法

刀山算法的核心：定位杀尾。通过定位杀尾可以判断哪些号码可能不会开出。这个算法来源于双色球转 3D 直选号码。

首先，将近两期双色球红球开奖号码的尾数分别组合成两组直选 3D 号码；其次，将近两期定位互加、互减，得到的数就是该位置排除的尾数。

举例：

2019001 期：06 10 13 15 32 33。

2019002 期：04 05 06 08 09 18。

转为 3D 号码：

2019001 期：603 523。

2019002 期：456 898。

两期相加减：

第一位：$6+4=10$　$6-4=2$　排除 0 2 尾。

第二位：$0+5=5$　$5-0=5$　排除 5 尾。

第三位：$3+6=9$　$6-3=3$　排除 3 9 尾。

第四位：$5+8=13$　$8-5=3$　排除 3 尾。

第五位：$2+9=11$　$9-2=7$　排除 1 7 尾。

第六位：$3+8=11$　$8-3=5$　排除 1 5 尾。

2019003 期开奖号码：13 17 20 21 22 27　排除 75 万余注全部正确。

（二）双刀算法

双色球每期开出六枚奖号，每一位置都以 0~9 十个数字作为尾数出号。如果可以定位排除掉相应位置的尾数，就可以排除垃圾注数，提升中奖概率。

两期定位数交叉相加减得到的数字取尾就是要定位排除的尾数。

例如：

2019001 期：06 10 13 15 32 33。

2019002 期：04 05 06 08 09 18。

第一位：

001 期第一位：06。

002 期第一位：04。

交叉相加：$0+4=4$　$0+6=6$。

交叉相减：4－0＝4　6－0＝6

定位一位排除 4 尾和 6 尾。

第二位：

001 期第二位：10。

002 期第二位：05。

交叉相加：1＋5＝6　0＋0＝0。

交叉相减：5－1＝4　0－0＝0。

定位二位排除 0 尾、4 尾和 6 尾。

第三位：

001 期第三位：13。

002 期第三位：06。

交叉相加：3＋0＝3　6＋1＝7。

交叉相减：3－0＝3　6－1＝5。

定位三位排除 3 尾、5 尾和 7 尾。

第四位：

001 期第四位：15。

002 期第四位：08。

交叉相加：5＋0＝5　8＋1＝9。

交叉相减：5－0＝5　8－1＝7。

定位四位排除 5 尾、7 尾和 9 尾。

第五位：

001 期第五位：32。

002 期第五位：09。

交叉相加：2＋0＝2　9＋3＝12。

交叉相减：2－0＝2　9－3＝6。

定位五位排除 2 尾和 6 尾。

第六位：

001 期第六位：33。

002 期第六位：18。

交叉相加：$3 + 1 = 4$　$8 + 3 = 11$。

交叉相减：$3 - 1 = 2$　$8 - 3 = 5$。

定位六位排除 1 尾、2 尾、4 尾和 5 尾。

第一位排除 4 6 尾，选择 0 1 2 3 5 7 8 9 尾。

第二位排除 0 4 6 尾，选择 1 2 3 5 7 8 9 尾。

第三位排除 3 5 7 尾，选择 0 1 2 4 6 8 9 尾。

第四位排除 5 7 9 尾，选择 0 1 2 3 4 6 8 尾。

第五位排除 2 6 尾，选择 0 1 3 4 5 7 8 9 尾。

第六位排除 1 2 4 5 尾，选择 0 3 6 7 8 9 尾。

2019003 期开奖号码：13 17 20 21 22 27。

定位排除法，可以排除掉 96 万多注，中得五红。

三、菠萝彩定位杀号法

定位杀号法即是将每一位置的号码取前 5 期相加再除 5 得到的数字就是定位排除的号码，在取平均值时，如果计算出的数值不是整数，不采取四舍五入原则，直接取整数部分。也就是说，结论是 6.1 或是 6.9 都取 6。

举例：

（预测 2019010 期）

取 2019005~2019009 期开奖号码。

2019005 期 21 22 26 28 31 32。

2019006 期 01 05 10 19 26 28。

2019007 期 06 10 14 15 19 23。

2019008 期 02 06 09 13 28 32。

2019009 期 01 07 10 22 31 32。

第一位：$(21 + 01 + 06 + 02 + 01)/5 = 6.2$　取 06。

第二位：$(22 + 05 + 10 + 06 + 07)/5 = 10$　取 10。

第三位：$(26 + 10 + 14 + 09 + 10)/5 = 13.8$　取 13。

第四位：$(28 + 19 + 15 + 13 + 22)/5 = 19.4$　取 19。

第五位：（31 + 26 + 19 + 28 + 31）/5 = 27　取 27。

第六位：（32 + 28 + 23 + 32 + 32）/5 = 29.4　取 29。

2019010 期开奖号码 02 04 05 08 11 30。

第一位出 02　预测排除 06　正确。

第二位出 04　预测排除 10　正确。

第三位出 05　预测排除 13　正确。

第四位出 08　预测排除 19　正确。

第五位出 11　预测排除 27　正确。

第六位出 30　预测排除 29　正确。

四、尾数与头数分析

在双色球选号过程中，尾数分析、确定胆尾，我们经常会用，可是往往会忽略了头数，殊不知头数也是非常重要的一个分析指标。

表 5-2　尾数与头数

头数 ＼ 尾数	0	1	2	3	4	5	6	7	8	9
0		01	02	03	04	05	06	07	08	09
1	10	11	12	13	14	15	16	17	18	19
2	20	21	22	23	24	25	26	27	28	29
3	30	31	32	33						

（一）尾数

尾数即号码的个位数，包括 0~9 十个数字。0 尾有三枚号码；1 尾有四枚号码；2 尾有四枚号码；3 尾有四枚号码；4 尾有三枚号码；5 尾有三枚号码；6 尾有三枚号码；7 尾有三枚号码；8 尾有三枚号码，9 尾有三枚号码。根据胆尾，也就是必出尾数，可以把握胆码方向，达到精准定胆的目的。

（二）尾数分析方法

1. 杀尾与定位杀尾

杀尾法：上期第六红减第五红得数取个位数，杀下期尾数。

例如：

（1）2019092 期开奖号码：09 17 27 28 32 33。

33 － 32 = 01　排除 1 尾号码。

2019093 期开奖号码：05 07 08 09 20 22　正确。

（2）2019090 期开奖号码：02 03 06 08 14 22。

22 － 14 = 08　排除 8 尾号码。

2019091 期开奖号码：07 10 21 24 29 32　正确。

定位杀尾方法可以利用菠萝彩刀山算法和独创的双刀算法进行定位排除。

2. 定尾法

（1）第三位尾数加 4 的得数取尾再加 3 取尾，得到的两个尾数可以作为双尾，一般情况下出一尾。

例如：

①2019090 期开奖号码：02 03 06 08 14 22。

06 － 4 = 10　取 0 尾号码　10 + 3 = 13　取 3 尾号码。

2019091 期开奖号码：07 10 21 24 29 32　开出 10　正确。

②2019089 期开奖号码：02 04 14 16 20 22。

14 + 4 = 18　取 8 尾号码　8 + 3 = 11　取 1 尾号码。

2019090 期开奖号码：02 03 06 08 14 22　开出 08　正确。

③2019088 期开奖号码：13 14 15 21 23 29。

15 + 4 = 19　取 9 尾号码　9 + 3 = 12　取 2 尾号码。

2019098 期开奖号码：02 04 14 16 20 22　开出 02 22　正确。

（2）蓝球尾数加红球第三位尾数。

例如：

2019090 期开奖号码：02 03 06 08 14 22+04。

4 + 6 = 10　取 0 尾号码。

2019091 期开奖号码：07 10 21 24 29 32 开出 10 正确。

(三) 头数概念

头数即号码的十位数，包括 0~3 四个数字。0 头有九枚号码；1 头有十枚号码；2 头有十枚号码；3 头有四枚号码。通过选择或者排除字头，可以简单、快捷地排除多个号码。

(四) 头数分析方法

例如，判断不出 2 头号码，那么就可以排除 20、21、22、23、24、25、26、27、28、29 十枚号码，将 33 选六变成 23 选六。

排除头数方法：排除 3 头号码。观察头数开出情况，一般情况下 0 头、1 头、2 头是最容易出号的，3 头号码比较少，按照概率来说它开出的概率会低一些，连续 3~5 期，达到饱和状态，我们应该注意，该字头有走冷趋势。

五、龙头凤尾设定

(一) 历史数据分析法

将号码尾数分为 A：1 4 7、B：2 5 8 0、C：3 6 9 三组。以 5 期为一组会出现 ABABA、ABCAB 或者 ABCBA 几种情况。特殊情况下还会出现 ABACA 或者 ABACB 等。

(二) 定位大底分解判断龙头

第一位固定定位大底是 01~19，将号码分为 01~06、07~12、13~19 三部分，其中 01~06 开出的概率相对高一些，07~12 开出概率一般，13~19 概率较低。还可以将 01~19 分为 01~11、12~19 两部分，其中 01~11 属于一区号码，12~19 属于二区号码。

凤尾分析方法：第六位固定定位大底是 12~33，将号码分为 12~19、20~25、26~33 三部分，其中 12~19 开出概率较低，20~25 开出概率一般，26~33

开出的概率相对高一些。

六、定位奇偶数分析

奇数，又称为单数，即不可以被 2 整除的号码。奇数包括 01、03、05、07、09、11、13、15、17、19、21、23、25、27、29、31、33。

偶数，又称为双数，即可以被 2 整除的号码。偶数包括 02、04、06、08、10、12、14、16、18、20、22、24、26、28、30、32。

定位分析奇偶时，要求更加细致，要通过两种方法共同使用并相互辅助验证。

方法一：观察每一位置奇偶数的开出情况，连续开出 5 期以上奇数或偶数的时候，可以判断向相反方向运动。

举例：2019082~2019086 期第四位号码连续开出 5 期偶数，判断 2019087 期开出奇数的概率增加。

方法二：通过 15 期或以上的开奖数据，统计定位的奇数开出个数和偶数开出个数，取其差值范围在 5~8 的时候，向反向运动的概率增加。

举例：

2019072~2019086 期第四位奇数开出 5 个。

2019072~2019086 期第四位偶数开出 10 个。

10 – 5 = 5　15 期第四位开出偶数比奇数多 5 个，从 2019087 期可以防奇数号码回补。

通过方法一和方法二，判断 2019087 期开出奇数号码。

值得注意的是，在方法一以 10 期进行验证的时候，方法二最少要以 15 期进行验证。

七、定位大小尾数分析

大尾数 5~9；小尾数 0~4。

尾数是指号码的个位数字，如：21 的尾数是 1。定位尾数就是开奖号码定位号的个位数。分析方法与定位奇偶方法相同。

方法一：观察每一位置大小尾数的开出情况，连续开出 5 期以上大尾数或小尾数的时候，可以判断向相反方向运动。

举例：

2019083~2019087 期第四位号码连续开出 5 期大尾数号码，判断 2019088 期开出小尾数的概率增加。

方法二：通过 15 期或以上的开奖数据，统计定位的大尾数开出个数和小尾数开出个数，取其差值范围在 5~8 的时候，向反向运动的概率增加。

2019073~2019087 期第四位大尾数开出 10 个。

2019073~2019087 期第四位小尾数开出 5 个。

10－5＝5　15 期第四位开出大尾数比小尾数多 5 个，从 2019088 期可以防小尾数号码回补。

通过方法一和方法二，判断 2019088 期开出小尾数号码。

值得注意的是，在方法一以 10 期进行验证的时候，方法二最少要以 15 期进行验证。

八、定位质合数分析

质数：01 02 03 05 07 11 13 17 19 23 29 31。

合数：04 06 08 09 10 12 14 15 16 18 20 21 22 24 25 26 27 28 30 32 33。

定位质合数分析方法与定位奇偶方法相同。

方法一：观察每一位置质数的开出情况，连续开出 2~4 期以上质数的时候，下期合数出现概率提高。因为合数号码比质数号码多出 9 个，开出的概率也高于质数号码，所以分析定位质合数的时候先分析质数情况，如果质数连续出 2~4 期以上，本身开出概率就高的合数，在下一期开出概率更高。合数最多连出 7 期。

举例：

2019088~2019091 期第一位号码连续开出 4 期质数号码，判断 2019092 期开出合数的概率增加。

方法二：通过 15 期或以上的开奖数据，统计定位的质数开出个数，取其差值范围在 4~7 的时候，向合数运动的概率增加。

2019073~2019087 期第一位质数开出 11 个。

2019073~2019087 期第一位合数开出 4 个。

11 − 4 = 7　15 期第一位开出质数比合数多 7 个，从 2019092 期可以防合数号码回补。

通过方法一和方法二，判断 2019092 期开出合数号码。

值得注意的是，在方法一以 10 期进行验证的时候，方法二最少要以 15 期进行验证。

九、012 路分析

双色球的 012 路可以分两种情况进行分析：一是 01~33 号码本身进行分析；二是利用 01~33 号码的尾数进行 012 路分析。

（一）号码本身分析

0 路：03 06 09 12 15 18 21 24 27 30 33。

1 路：01 04 07 10 13 16 19 22 25 28 31。

2 路：02 05 08 11 14 17 20 23 26 29 32。

利用号码本身的 012 路现象，定位分析每位号码的出现情况，判断号码的定位胆码。

分析方法：一般情况下，每个位置的号码不会出现连续 5 期相同的路数，一般出现 2~3 期相同路数，下期就很有可能出现其他路数号码。

（二）尾数 012 路

0 路：0 3 6 9。

1 路：1 4 7。

2 路：2 5 8。

利用尾数号码的 012 路现象，定位分析每位号码的尾数关系，判断号码的定位胆尾。

分析方法：一般情况下，每个位置的号码尾数不会出现连续 5 期相同的路数，一般出现 2~3 期相同路数，下期就很有可能出现其他路数号码。

十、总结定位号码

经过以上的固定定位大底和定位指标分析得到定位号码，针对的是每一号位的判断分析，包括奇偶数、大小尾数、质合数、龙头凤尾等的严格验证分析，把握每一位号码给出的信息，而后根据下边的方法组合成单式、复试或胆拖号码进行投注，将更有利于捕捉奖号，提高中奖概率。

十一、奇偶比分析

通过 10 期或以上的开奖数据统计全部奇数开出个数和全部偶数开出个数，取其差值范围在 7 及以上的时候，向反向运动的概率增加。

举例：

2019085~2019094 期奇数开出 26 个。

2019085~2019094 期偶数开出 34 个。

34 − 26 = 8　10 期当中开出偶数比奇数多 8 个，从 2019095 期可以防奇数号码回补。

十二、大小比分析

将 01~33 三十三个号码，分成 01~16 为小号，17~33 为大号，大小数也就是某一期大小号码的比值。

判断方法与奇偶数的方法相同，通过 10 期或以上的开奖数据统计全部大数开出个数和全部小数开出个数，取其差值范围在 7 及以上的时候，向反向运动的概率增加。

举例：

2019072~2019086 期大数开出 53 个。

2019072~2019086 期小数开出 37 个。

53 − 37 = 16 10 期中开出大数比小数多 16 个，从 2019087 期可以防小数号码回补。

十三、质合比分析

质数：01 02 03 05 07 11 13 17 19 23 29 31。

合数：04 06 08 09 10 12 14 15 16 18 20 21 22 24 25 26 27 28 30 32 33。

质数号码比合数号码少，也就是说合数开出概率比质数概率高，如果通过 10 期或以上的开奖数据统计全部质数开出个数高于合数开出个数，取其差值范围在 5 及以上的时候，向合数运动的概率增加。

例如：

预测 2019003 期。

10 期开奖号码质数开出 26 个。

10 期开奖号码合数开出 34 个。

相差 8 个，经此判断质数有提升出号概率的空间，但是质数号码比合数号码少，也就是说合数开出概率比质数概率高，相差 8 个属于一般偏态，我们要里外兼守。

上期质合比 1∶5 根据概率选定较高的比值：①2∶4 和 3∶3 或 4∶2；②重复 1∶5。

十四、连号分析

连号的分析是中奖的关键，也是中奖的基本条件，如果可以判断分析出当期会出现连号，那么就可以排除 37 万余注的号码组合，在提升中奖概率的同时减少投注注数。

分析方法有两种，而且要同时具备，才可以提高准确率。

（一）走势图分析

观察上期开奖号码在走势图中横向格数的表现，有相同格数、连续递增格数，下期开出连号的概率高很多。

举例：

图 5-1　走势图

2019001 期出现 1、2、3 连续递增格数，2019002 期开出 04、05、06 和 08、09 两组连号。

2019008 期出现 1、2、3 连续递增格数和相同三格数，2019009 期开出 31、32 一组连号。

（二）开奖号码分析

上期开奖号码互减得到连续递增或相同差值，下期开出连号的概率高很多。

举例：

2019002 期开奖号码 04 05 06 08 09 18。

相减 18 - 09 = 9　　09 - 08 = 1　　08 - 06 = 2　　06 - 05 = 1　　05 - 04 = 1。

相减差值 1、1、2、1、9，其中有相同的差值 1。

2019003 期开奖号码 13 17 20 21 22 27　　出现 20 21 22 一组连号。

十五、重号与隔期号分析

（一）重号

重号，又称为遗传号，是上期开奖号码当中的数字。重号现象一般情况下会在温热号码中产生，冷号很少会开出。

选定重号有个重要的标准：理论上每期出重号数是 $0.18 \times 6 = 1.08$ 个。观察双色球走势图，可以发现，重号平均每期 1 个。11 期统计，重号最多 17 个，最少 6 个，平均 12 个。每期出两个以上占 1/4 左右，出 3 个占 1/20 左右，出 0 个占 1/4 左右，出 1 个占 1/2 左右。平均有 6 个重复号，就有一个竖连 3；平均有六个竖连 3，就有一个竖连 4。

实际应用中，首先判断下期出几个重号，不但要看 0 在整个遗漏里的走势，还要看每期原始记录的变化；其次是重号的 11 期统计。这里包括 11 期的数量及与平均值的差，相邻两期数量的差及这个差的升降步数。还有一点需要注意的是，每期相同竖隔数的变化。如果上期没有相同的竖隔数，下期要考虑补上。如果出现相同的竖隔数，首先要考虑重号。

根据上述分析判断下期重号的数量，然后根据区间和中奖次数，还有奇偶及路数等条件分析，从上期开奖号码中把重号选出来。当然，应该分清主次，综合考虑。

（二）隔期号

翻看开奖号码分布图时，通常会注意到，许多奖号都是在近几期出现过的，按 10 期为一个标准的话，有些号码多则出现六七次，少则出现一两次。在每期摇奖后产生的冷号，大多数情况下会出现 1~2 个，甚至还会形成空缺，而其他正选号码都是 10 期以内曾经出过的号码，这些号码就是温号和热号。

红球号码除了会出现与上期相同的遗传号码外，还会出现一些隔 1~10 期给出过的奖号，这种现象称为隔期给号。

十六、定律分析

（一）定律一：双色球奇偶比大多数为 4：2 或 3：3

我们可以观察前 5 期的奇偶比来推算本期的奇偶比，这样可以减少投注资金，并提高中奖率。

表 5–3　开奖号码（一）

期号	开奖号码						奇偶比
090	02	03	06	08	14	22	1：5
091	07	10	21	24	29	32	3：3
092	09	17	27	28	32	33	4：2
093	05	07	08	09	20	22	3：3
094	05	10	12	18	19	27	3：3

如表 5–3 中所示，5 期开奖号码仅有 1 期开出 1：5，3 期开出 3：3，1 期开出 4：2。

（二）定律二：和值以 120 为轴线做正弦曲线振荡

此时注意：上期是小和值，本期要关注比较大的和值，反过来也一样。

表 5–4　开奖号码（二）

期号	开奖号码						总和
090	02	03	06	08	14	22	55
091	07	10	21	24	29	32	123
092	09	17	27	28	32	33	146
093	05	07	08	09	20	22	71
094	05	10	12	18	19	27	91

如表 5–4 中所示，091 期和值 123 和 092 期和值 146 均为大和值，093 期开出 71 为偏小和值。

（三）定律三：一区有规律的断档

如果近一段时间号码比较平稳，应适当采取断档选号，缩小选号范围，提高中奖率。

（四）定律四：邻号规律

上期出 02，本期出 03，03 是 02 的邻号。一般出两个左右。出三个以后一定回补成一个。

表 5-5　开奖号码（三）

期号	开奖号码						邻号
090	02	03	06	08	14	22	?
091	07	10	21	24	29	32	06 与 07；22 与 21
092	09	17	27	28	32	33	29 与 28；32 与 33
093	05	07	08	09	20	22	09 与 08
094	05	10	12	18	19	27	09 与 10；20 与 19

表 5-5 中所示均开出与下期相邻的号码，可见出现概率极高。

（五）定律五：质数 0~3 个

表 5-6　开奖号码（四）

期号	开奖号码						质数个数
090	02	03	06	08	14	22	2
091	07	10	21	24	29	32	2
092	09	17	27	28	32	33	1
093	05	07	08	09	20	22	2
094	05	10	12	18	19	27	2

表 5-6 中所示质数个数均没超过 3 个。

（六）定律六：最大间距一般在 18~31

表 5-7　开奖号码（五）

期号	开奖号码						最大间距
090	02	03	06	08	14	22	20
091	07	10	21	24	29	32	25
092	09	17	27	28	32	33	24
093	05	07	08	09	20	22	17
094	05	10	12	18	19	27	22

表 5-7 中所示最大间距一个开出 17，没有在范围之内；其余均在 18~31。

十七、走势图分析

（一）走势图读图法则

1. 法则一：走势图应该通读全览（选号时分析 30 期的开奖号码为宜）

2. 法则二：纵看重复号码

看前一期中奖的正选号和特别号，先排除已连续出现 2 期以上的重复号码，通常情况下，某个号码重复 2~3 期后就不再重复了，最多重复的情况一般不超过 5 期。近几期隔一连三出现的号码为近期的热门号，重复的机会少，既可以排除也可以保留（以验证结果为主）。这样，余下可选的重复号就不多了，就能做到心中有数。同时，应注意本期要选几个重复号，当期重复号选择的个数不宜少于 2 个，也不宜多于 4 个。

3. 法则三：斜看跳跃式

（1）换边跳跃式，如前期出现 27 号，本期出现 26 号，下期就可能出现 25 号。

（2）隔一间二跳跃式，如前期出现 27 号，本期出现 25 号，下期就可能出现 23 号（隔一跳跃式）；如前期出现 27 号，本期出现 24 号，下期就可能出现 21 号（间二跳跃式）。

（3）区间跳跃式，如前期出现 30 号，本期出现 20 号，下期可能出现 10 号；前期出现 01 号，本期出现 11 号，向下两期将会分别出现 21 和 31 的号码。

4. 法则四：分区读图

双色球走势图分区看法是把 33 个红球作为一个整数来整除分区的，而 33 正好被 3 整除。一区是 01~11 号，二区是 12~22 号，三区是 23~33 号，区间都是 11 个号码。所以，三分区是网友流传最广的一种看法。由此也就产生了区间代码，每区代码有 006、060、600、015、051、105、150、501、510、024、042、204、402、240、420、033、303、330、123、132、231、321、213、312、141、114、411、222 共计 28 种分布类型，这 28 种分布类型以 123、132、231、321、213、312、141、114、411、222 居多。

（1）建立分区代码追踪系统可以很大程度缩小选号范围，能在某一个区间定准胆码。

（2）进行缩小选号，把分区看奖号与数据统计、缩水条件进行有机的结合。

（3）观察边缘号，边缘号有 01、11、12、22、23、33，一般如果发生空白区，则边缘号极易出现，这样就可以找到胆码。

5. 法则五：重点落号区域

每一期的开奖奖号空位处不会大幅度出号，某一阶段会围着重点落号区落号。

6. 法则五：学会在走势图里找图形

走势图奖号星罗棋布，如果我们用线条把号码连接在一起，就会形成各式各样的几何图形，如梯形、三角形、多边形等。我们可以利用图形进行杀号定胆。

（二）如何读懂走势图

走势图主要用于各个号码和各种属性（大小、奇偶、重号、连号、斜连号等特性）的趋势分析，用于判断各个号码和各种属性当前处于何种状态，是冷还是热，是多还是少。然后根据各个号码和各种属性当前的状态选择号码。选号时一般热号要多选（集中出现 6~7 次的热号有可能转冷）；选号要分析号码的长期走势，比如近 10 期重号很旺，冷号就要少选。冷号几乎每期都有，在选号时要重点考虑。

十八、定胆尾

定胆尾的方法有很多种，本书介绍一种简单实用的确定胆尾方法。

（1）上期开奖号码第一、二位尾数相加取尾，并取前后两码。

表 5-8　开奖号码（六）

期号	开奖号码						下期胆尾	出号
2019001	06	10	13	15	32	33	567	?
2019002	04	05	06	08	09	18	890	出 56 尾
2019003	13	17	20	21	22	27	019	出 0 尾
2019004	08	12	16	19	26	32	019	出 9 尾
2019005	21	22	26	28	31	32	234	出 1 尾

（2）上期开奖号码第五、六位尾数相加取尾，并取前后两码。

表 5-9　开奖号码（七）

期号	开奖号码						下期胆尾	出号
2019001	06	10	13	15	32	33	456	?
2019002	04	05	06	08	09	18	678	尾全出
2019003	13	17	20	21	22	27	890	出 7 尾
2019004	08	12	16	19	26	32	789	出 89 尾
2019005	21	22	26	28	31	32	234	出 8 尾

需要说明的是，胆尾定出三个数字，对应的胆码在 9~12 枚，需要谨慎选择。

（3）开奖号码红三位加 4 得到号码取尾；开奖号码红三位加 4 再加 3 得到号码取尾。

表 5–10 开奖号码（八）

期号	开奖号码						下期胆尾	出号
2019001	06	10	13	15	32	33	07	？
2019002	04	05	06	08	09	18	03	未出
2019003	13	17	20	21	22	27	47	全出尾
2019004	08	12	16	19	26	32	03	未出
2019005	21	22	26	28	31	32	03	未出
2019006	01	05	10	19	26	28	47	出 0 尾

本方法需要验证使用，最大连错基数为 2~3 期，一般情况下上期两个尾数全部开出，下 1~3 期停用。

胆尾定出两个数字，对应的胆码在 6~8 枚。

十九、定胆码

（一）方法一：两数中间定胆

双色球每期开出的六个号码中，我们可以每两个进行捆绑，取二者的中间数作为胆码。

表 5–11 开奖号码（九）

期号	开奖号码	两数中间号码	准确胆
2019092	09 17 27 28 32 33	10~16；18~26；29~31	20 22
2019093	05 07 08 09 20 22	06；10~19；21；23	10 12 18 19
2019094	05 10 12 18 19 27	06~09；11；13~17；20~26	14 21
2019095	02 05 14 19 21 28	03~04；06~13；15~18；20；22~27；29	07 12 18 27
2019096	05 07 12 18 27 32	06；08~11；13~17；19~26；28~31；33	？

该方法定出的胆码范围比较大，可以与验证杀号方法结合使用。

（二）方法二：黄金分割定胆

黄金分割是数字排列中一个非常有意思的现象，分割率为 0.191、0.5、0.618、0.809 和 0.328，如果把数字和黄金分割率对应，它们组合成的新数字极易出现。

2019095 期开奖号码与黄金分割 0.191 相乘。

表 5-12　开奖号码（十）

位置	开奖号码	得数	胆码
一	02	0.382	10
二	05	0.955	10
三	14	2.674	02；03
四	19	3.629	03；04
五	21	4.011	04
六	28	5.348	05

2019096 期开奖号码：05 07 12 18 27 32　出 05

2019095 期开奖号码与黄金分割 0.5 相乘。

表 5-13　开奖号码（十一）

位置	开奖号码	得数	胆码
一	02	01	01
二	05	2.5	02；03
三	14	07	07
四	19	9.5	09；10
五	21	10.5	10；11
六	28	14	14

2019096 期开奖号码：05 07 12 18 27 32　出 07

2019095 期开奖号码与黄金分割 0.618 相乘。

表 5-14 开奖号码（十二）

位置	开奖号码	得数	胆码
一	02	1.236	01
二	05	3.09	03
三	14	8.652	08；09
四	19	11.742	11；12
五	21	12.978	12；13
六	28	17.304	17

2019096 期开奖号码：05 07 12 18 27 32　出 12

2019095 期开奖号码与黄金分割 0.809 相乘。

表 5-15 开奖号码（十三）

位置	开奖号码	得数	胆码
一	02	1.618	01；02
二	05	4.045	04
三	14	11.326	11
四	19	15.371	15
五	21	16.989	16；17
六	28	22.652	22；23

2019096 期开奖号码：05 07 12 18 27 32　未出

2019095 期开奖号码与黄金分割 0.328 相乘。

表 5-16 开奖号码（十四）

位置	开奖号码	得数	胆码
一	02	0.656	10；11
二	05	1.64	01；02
三	14	4.592	04；05
四	19	6.232	06
五	21	6.888	06；07
六	28	9.184	09

2019096 期开奖号码：05 07 12 18 27 32　出 05 07

（三）方法三：独胆算法

1. 同期 5、1 号码相减

方法：用上期红球号码第 5 位减去第 1 位得出的数就是下期的胆码。

2. 同期 1、3 号码相加

方法：用上期红号第 1 位与第 3 位相加得出的数即为下期的胆码。

3. 两期 1 位号码相加

方法：根据上两期中奖号码来选胆，即用上两期红号的第 1 位数相加得出的数就是下期的胆码。

4. 同期 4、1 号码相减

方法：用上期第 4 位红号减去第 1 位红号得出的数就是下期的胆码。

5. 18 减上期第 1 位

方法：用 18 减去上期红球开奖号码的第 1 位得出的数即为下期的胆码。

6. 上期 2、1 号码相减

方法：用上期红球号的第 2 位减去第 1 位得出的数即为下期的胆码。

7. 上期第 5 位数减 3

方法：用上期红号的第 5 位数减去 3 得出的数就是下期的胆码。

8. 上期第 6 位数减 2

方法：用上期红号的第 6 位数减去 2 得出的数就是下期的胆码。

2019094 期开奖号码：05 10 12 18 19 27。

2019095 期开奖号码：02 05 14 19 21 28。

预测 2019096 期，如表 5-17 所示。

表 5-17　预测

方法	一	二	三	四	五	六	七	八
胆码	19	16	07	17	16	03	19	26

2019096 期开奖号码 05 07 12 18 27 32。

第 3 个方法准确，出 07。

定出独胆，一般情况下 1~3 个方法准确。

（四）方法四：对应易出号码

01——03 06 09。

02——01 02 03 04 06 07 10。

03——12 15 18 21。

04——02 05 08 11 12 15 18 21 14 17 20 23 26 29 32。

05——11 12 14 16 20。

06——06 14 07 27。

07——08 09 18 19 28 29。

08——03 06 13 16 26 33。

09——01 11 21 31 03 13 23 33。

10——10 16 20 30。

11——01 03 11 13 21 31 23 27 30 32 33。

12——01 03 11 13 21 23 31 27 30 32 33。

13——16 19 25 31。

14——12 15 18 21。

15——13 25 28 31。

16——02 04 12 14 18 22。

17——03 06 08 10 11 14。

18——03 06 13 16 23 26 33。

19——06 16 26 29。

20——12 15 18 21。

21——03 06 13 16 23 26 33。

22——03 06 10 13 16 17 23 20 27 30 33。

23——01 04 11 14 21 24 31。

24——01 10 11 20 21 30 31。

25——07 10 17 20 27 30。

26——06 16 26。

27——03 13 23 33。

28——03 06 13 16 23 26 33。

29——01 05 11 15 21 25 31。

30——13 31 33。

31——04 06 14 16 24 26。

32——08 11 12 14 16 18 23 26 29 32。

33——26 29 32 33。

2019095 期中文号码如表 5-18 所示。

表 5-18　2019095 期中奖号码

位置	出号	对应号码	出号
一	02	01；02；03；04；06；07；10	07
二	05	11；12；14；16；20	12
三	14	12；15；18；21	12；18
四	19	06；16；26；29	未出
五	21	03；06；13；16；23；26；33	未出
六	28	03；06；13；16；23；26；33	未出

二十、验证杀号

要玩彩票，就要选号，双色球 33 选 6，数字太多了，杀掉下期不出的号码，缩小选号范围，是一个不错的方法。

双色球中奖概率是 6/33（18.5%），杀号概率是 27/33（81.5%），杀号看似简单，但杀准很难。有没有可以提高杀号准确率的方法呢？答案是肯定的！

杀号的方法有很多，如果每个方法都用作杀号的话，剩余号码有可能不足六枚，杀错的概率很大。我们要通过验证法提高准确率，排除的号码可能会少一些，但中奖的概率将大幅度提升。

（1）多种方法杀同一号码。将所有掌握的杀号方法全部应用，并统计出每个方法杀掉的号码，把不同的方法杀同一个号码最多的直接杀掉，一般 5 个。

验证原理：不可能每个方法都出错，所以，不同的方法杀同一个号码的准确率非常高。

（2）连错验证法。某一个方法前几期连续出错，下期准确率就非常高了。

验证原理：某一方法没有全部的错误，也没有全部的准确，有连错也有连对。因为方法的正确概率不同，它会产生不同的出错周期，避开错误周期就可以提高正确率。

二十一、走势图：图形杀号法

例1：（几何图形：三角形杀号）

2019017 期：<u>04</u> <u>05</u> 24 28 30 33。

2019018 期：<u>04</u> 11 18 19 26 32。

2019019 期杀号：04 05。

例2：（斜两连杀号）

2019026 期：<u>03</u> 13 15 19 20 27。

2019027 期：<u>02</u> 06 08 10 11 17。

2019028 期杀号：02 03。

二十二、公式杀号

（一）蓝号杀下期红球

表5-19 中奖号码（十五）

期号	开奖号码	蓝号	杀号	正误
2019024	01 08 23 25 28 29	10	10	？
2019025	15 16 21 27 30 33	04	04	准确
2019026	03 13 15 19 20 27	14	14	准确
2019027	02 06 08 10 11 17	13	13	准确
2019028	04 19 22 26 29 30	11	11	准确
2019029	08 11 17 23 32 33	10	10	错误
2019030	04 05 07 10 12 22	16	16	错误
2019031	03 13 15 18 21 33	16	16	准确

续表

期号	开奖号码	蓝号	杀号	正误
2019032	04 08 09 13 28 33	04	04	准确
2019033	09 15 19 21 23 29	15	15	准确

（二）AC值杀下期红球

表5-20　中奖号码（十六）

期号	开奖号码	AC值	杀号	正误
2019024	01 08 23 25 28 29	10	10	？
2019025	15 16 21 27 30 33	6	06	准确
2019026	03 13 15 19 20 27	8	08	准确
2019027	02 06 08 10 11 17	6	06	错误
2019028	04 19 22 26 29 30	7	07	准确
2019029	08 11 17 23 32 33	7	07	准确
2019030	04 05 07 10 12 22	7	07	错误
2019031	03 13 15 18 21 33	6	06	准确
2019032	04 08 09 13 28 33	5	05	准确
2019033	09 15 19 21 23 29	3	03	准确

（三）蓝球+AC值=杀红

表5-21　中奖号码（十七）

期号	开奖号码	AC值	杀号	正误
2019024	01 08 23 25 28 29+10	10	20	？
2019025	15 16 21 27 30 33+04	6	10	准确
2019026	03 13 15 19 20 27+14	8	22	准确
2019027	02 06 08 10 11 17+13	6	19	准确
2019028	04 19 22 26 29 30+11	7	18	错误
2019029	08 11 17 23 32 33+10	7	17	准确
2019030	04 05 07 10 12 22+16	7	23	准确
2019031	03 13 15 18 21 33+16	6	22	准确
2019032	04 08 09 13 28 33+04	5	09	准确
2019033	09 15 19 21 23 29+15	3	18	错误

（四）红球尾数之和杀下期红球

将上期开奖号码尾数相加，大于 33 减 33，并取尾数作为杀号；小于 33 直接排除该数。

表 5–22 中奖号码（十八）

期号	开奖号码	尾数	杀号	正误
2019024	01 08 23 25 28 29	183589	01；04	?
2019025	15 16 21 27 30 33	561703	22	准确
2019026	03 13 15 19 20 27	335907	27	准确
2019027	02 06 08 10 11 17	268017	24	准确
2019028	04 19 22 26 29 30	492690	30	准确
2019029	08 11 17 23 32 33	817323	24	准确
2019030	04 05 07 10 12 22	457022	20	准确
2019031	03 13 15 18 21 33	335813	23	准确
2019032	04 08 09 13 28 33	489383	02；05	准确
2019033	09 15 19 21 23 29	959139	03；06	准确

（五）红号第一位对称码杀红

对称码：以 34 为基数，相互对称的两个号码之和为 34，例如 30 的对称码为 04，10 的对称码为 24。

表 5–23 中奖号码（十九）

期号	开奖号码	对称	杀号	正误
2019024	01 08 23 25 28 29	33	33	?
2019025	15 16 21 27 30 33	19	19	错误
2019026	03 13 15 19 20 27	31	31	错误
2019027	02 06 08 10 11 17	32	32	准确
2019028	04 19 22 26 29 30	30	30	准确
2019029	08 11 17 23 32 33	26	26	准确
2019030	04 05 07 10 12 22	30	30	准确
2019031	03 13 15 18 21 33	31	31	准确

续表

期号	开奖号码	对称	杀号	正误
2019032	04 08 09 13 28 33	30	30	准确
2019033	09 15 19 21 23 29	25	25	准确

（六）和值杀号法

开奖号码总和，拆分再次相加所得的值为下期杀号。

表5-24　中奖号码（二十）

期号	开奖号码	和值	杀号	正误
2019024	01 08 23 25 28 29	114	06	？
2019025	15 16 21 27 30 33	142	07	准确
2019026	03 13 15 19 20 27	97	16	准确
2019027	02 06 08 10 11 17	54	09	准确
2019028	04 19 22 26 29 30	130	04	准确
2019029	08 11 17 23 32 33	124	07	准确
2019030	04 05 07 10 12 22	60	06	错误
2019031	03 13 15 18 21 33	103	04	准确
2019032	04 08 09 13 28 33	95	14	错误
2019033	09 15 19 21 23 29	116	08	准确

（七）拆分杀号法

开奖六红分别拆分相加（如：25，拆分为2＋5＝7），拆分相加的值，再进行相加，大于33，减去33；并取拆分相加的和值尾；取拆分相加的尾。

表5-25　中奖号码（二十一）

期号	开奖号码	拆分和值	杀号	正误
2019024	01 08 23 25 28 29	42	02；06；09	？
2019025	15 16 21 27 30 33	34	01；04；07	准确
2019026	03 13 15 19 20 27	34	01；04；07	准确
2019027	02 06 08 10 11 17	27	07；09；27	准确
2019028	04 19 22 26 29 30	40	04；07；10	准确

续表

期号	开奖号码	拆分和值	杀号	正误
2019029	08 11 17 23 32 33	34	01；04；07	准确
2019030	04 05 07 10 12 22	24	04；06；24	错二
2019031	03 13 15 18 21 33	31	01；04；31	准确
2019032	04 08 09 13 28 33	41	01；05；08	错一
2019033	09 15 19 21 23 29	44	04；08；11	准确

（八）减 18 杀号法（每期会出错 1~3 码，一般错一居多）

开奖六红分别与 18 相减，得到的六个号码作为杀号。

举例：

2019026 期开奖号码：03 13 15 19 20 27。

18 − 03 = 15　　18 − 13 = 05　　18 − 15 = 03　　19 − 18 = 01　　20 − 18 = 02　　27 − 18 = 09。

杀号：01 02 03 05 09 15。

2019027 期开奖号码：02 06 08 10 11 17，错 02。

（九）上期开奖号码减去和值的拆分和值（每期会出错 1~3 码，一般错一居多）

举例：

2019026 期开奖号码：03 13 15 19 20 27。

03 + 13 + 15 + 19 + 20 + 27 = 97，和值 97，9 + 7 = 16。

16 − 03 = 13　　16 − 13 = 03　　16 − 15 = 01　　19 − 16 = 03　　20 − 16 = 04　　27 − 16 = 11

杀号：01 03 04 11 13。

2019027 期开奖号码：02 06 08 10 11 17，错 11。

（十）上期开奖号码减去尾数和值的拆分和值（每期会出错 1~3 码，一般错一居多）

举例：

2019026 期开奖号码：03 13 15 19 20 27。

$3 + 3 + 5 + 9 + 0 + 7 = 27$，$2 + 7 = 9$。

$9 - 03 = 06$　　$13 - 9 = 04$　　$15 - 9 = 06$　　$19 - 9 = 10$　　$20 - 9 = 11$　　$27 - 9 = 18$。

杀号：04 06 10 11 18。

2019027 期开奖号码：02 06 08 10 11 17，错 06 10 11。

（十一）连减杀号

用每一位置的号码互减得到的号码组，就是下期要杀的杀号码组。

以杀 2019027 期号码为例。

2019026 期开奖号码：03 13 15 19 20 27。

$13 - 03 = 10$　　$15 - 03 = 12$　　$19 - 03 = 16$　　$20 - 03 = 17$　　$27 - 03 = 24$

$15 - 13 = 02$　　$19 - 13 = 06$　　$20 - 13 = 07$　　$27 - 13 = 14$

$19 - 15 = 04$　　$20 - 15 = 05$　　$27 - 15 = 12$

$10 - 19 = 01$　　$27 - 19 = 08$

$27 - 20 = 07$

杀号组：01 02 04 05 06 07 08 10 12 14 16 17 24

二十三、降龙十八掌

将六个号码从小到大排列，用 A、B、C、D、E、F 代替。以杀 2019027 期为例。

第一掌：

2019024 期开奖号码：01 08 23 25 28 29 + 10。

2019026 期开奖号码：03 13 15 19 20 27 + 14。

第二掌：用上期（A＋B）得出的号码杀下期一码。用 A＋B 即 03＋13＝16，16 就是下期要杀的号码，下期开出的号码没有 16，杀号准确。

第三掌：用（B－A）得出的号码杀下期一码。用 B－A 即 13－03＝10，10 就是下期要杀的号码，下期开出的号码有 10，杀号错误。

第四掌：用（D＋A）杀下期号码（得出的号码如果大于 33 减去 33，下同）。即 19＋03＝22，22 在下期没有出现，杀号准确。

第五掌：用（E－C）杀下期号码。即 20－15＝05，下期开出的号码没有 05，杀号准确。

第六掌：用（F－B＋1）杀下期号码。即 27－13＋1＝15，下期开出号码没有 15，杀号准确。

第七掌：用（F－B＋10）杀下期号码。即 27－13＋10＝24，下期开出号码没有 24，杀号准确。

第八掌：用（D－A＋7）杀下期号码。即 19－03＋7＝23，下期开出号码没有 23，杀号准确。

第九掌：用（A＋12）杀下期号码。即 03＋12＝15，下期开出号码没有 15，杀号准确。

第十掌：用（F－A）杀下期号码。即 27－03＝24，下期开出号码没有 24，杀号准确。

第十一掌：用（F＋蓝球）大于 33，减去 33 杀下期号码。即 27＋14－33＝08，下期开出号码有 08，杀号错误。

第十二掌：用（F＋蓝球）大于 33 取尾杀下期号码。即 27＋14＝41，杀 01，下期开出号码没有 01，杀号准确。

第十三掌：用（B＋蓝球）杀下期号码。即 13＋14＝27，下期开出号码没有 27，杀号准确。

第十四掌：用（B＋C）杀下期号码。即 13＋15＝28，下期开出号码没有 28，杀号准确。

第十五掌：用（E－D＋10）杀下期号码。即 20－19＋10＝11，下期开出号码有 11，杀号错误。

第十六掌：用上上期（B＋F＋1）大于 33 减去 33，得出的数就是下期要杀的号码。即 $16 + 33 + 1 - 33 = 17$，下期开出号码有 17，杀号错误。

第十七掌：用上上期（$B + F + 1$）大于 33 取尾，得出的数就是下期要杀的号码。即 $16 + 33 + 1 = 50$，取 10，下期开出号码有 10，杀号错误。

第十八掌：用上上期（$B + F + 1$）大于 33 得数拆分相加，得出的数就是下期要杀的号码。即 $16 + 33 + 1 = 50$，$5 + 0 = 05$，下期开出号码没有 05，杀号准确。

第六章　蓝球选号

一、蓝球奇偶数、大小数

（一）奇偶数

偶数多余奇数。偶数号码最多连续出现 6 期，奇数连续最多却不超过 5 期。而且，奇偶数极易连续出现。

（二）大小数

大数（09~16）占明显优势。09 以上的号码出现比例为 58%；01~08 占 42%。而且，01~05 占比例最小，为 16%。如果把 01~16 分成 4 段，01~04 占 16%，05~08 占 26%，09~12 占 24%，13~16 占 34%。因此，蓝号主要集中在 05~08、13~16 两个区域（7 个号码占了总次数的 60%）。

根据平衡原理，彩民朋友可以根据近期蓝球开出次数来选择蓝胆。

二、菠萝彩杀蓝围蓝方法

（一）矩阵杀蓝

红球矩阵：

A 01 06 11 16 21 26 31。

B 02 07 12 17 22 27 32。

C 03 08 13 18 23 28 33。

D 04 09 14 19 24 29。

E 05 10 15 20 25 30。

蓝球矩阵：

A 01 06 11 16。

B 02 07 12。

C 03 08 13。

D 04 09 14。

E 05 10 15。

将红球与蓝球分别按照 A、B、C、D、E 分为五组，上期红球开奖号码有两个或两个以上出现在同一组的时候，对照蓝球矩阵表，杀同组蓝球号码。

举例：

2019001 期开奖号码 06 10 13 15 32 33。

06 属 A　10 属 E　13 属 C　15 属 E　32 属 B　33 属 C。

排除蓝球矩阵属 C 的 03 08 13 和属 E 的 05 10 15。

2019002 期蓝球开出 11　排除六蓝正确。

（二）尾数列围蓝

尾数列围蓝，就是利用尾数列来计算蓝球。取上期红球尾数，用其中最大尾减大于 1 的最小尾，再用最大尾加第二大尾，即得到一个蓝球的选号范围。

举例：

2019001 期开奖号码 06 10 13 15 32 33　尾数 6 0 3 5 2 3。

最大尾数 6-大于 1 的最小尾 2 = 4；最大尾数 6+第二大尾数 5 = 11。

所以下期蓝球出号范围在 04~11。

2019002 期蓝球开出 11　围蓝正确。

如果将两种方法一起使用，就可以在 04~11 八枚蓝号中再排除 05 08 10

三枚号码，最终得到 04 06 07 09 11 五枚围蓝号码。

三、蓝球杀号方法

（1）用 15 减去上期蓝球号码，得出的数就是下期要杀的蓝号尾数。

表 6-1 蓝球号码（一）

期号	蓝号	杀下期蓝	正误
091	11	04 14	?
092	08	07	√
093	02	03 13	√
094	06	09	√
095	01	04 14	√
096	11	04 14	√
097	09	06 16	√
098	09	06 16	√
099	08	07	√
100	08	07	√

（2）用 19 减上期蓝号得出的数即为下期要杀的尾数。

表 6-2 蓝球号码（二）

期号	蓝号	杀下期蓝	正误
091	11	08	?
092	08	01 11	×
093	02	07	√
094	06	03 13	√
095	01	08	√
096	11	08	√
097	09	10	√
098	09	10	√
099	08	01 11	√
100	08	01 11	√

（3）用 21 减上期蓝号得出的数就是下期要杀的尾数。

表 6-3　蓝球号码（三）

期号	蓝号	杀下期蓝	正误
091	11	10	？
092	08	03 13	√
093	02	09	√
094	06	05 15	√
095	01	10	√
096	11	10	√
097	09	02 12	√
098	09	02 12	√
099	08	03 13	√
100	08	03 13	√

（4）用上两期蓝号的头和尾相加的数即为下期要杀的蓝号尾数。

表 6-4　蓝球号码（四）

期号	蓝号	杀下期蓝	正误
091	11	？	？
092	08	09	？
093	02	02 12	√
094	06	06 16	√
095	01	01 11	√
096	11	01 11	×
097	09	10	√
098	09	09	√
099	08	08	√
100	08	08	×

（5）用上两期蓝号的尾和头相加的数即为下期要杀的尾数。

表 6-5　蓝球号码（五）

期号	蓝号	杀下期蓝	正误
091	11	?	?
092	08	01 11	?
093	02	08	√
094	06	02 12	√
095	01	06 16	√
096	11	02 12	√
097	09	10	√
098	09	09	√
099	08	08	√
100	08	08	×

（6）用上两期蓝号尾相加得出的数就是下期要杀的尾数。

表 6-6　蓝球号码（六）

期号	蓝号	杀下期蓝	正误
091	11	?	?
092	08	09	?
093	02	10	√
094	06	08	√
095	01	07	√
096	11	02 12	√
097	09	10	√
098	09	08	√
099	08	07	×
100	08	06 16	√

（7）用上期蓝号尾与隔一期蓝号尾相加得出的数即为下期要杀的尾数。

表 6-7　蓝球号码（七）

期号	蓝号	杀下期蓝	正误
091	11	?	?
092	08	?	?
093	02	03 13	√
094	06	04 14	√
095	01	03 13	√
096	11	07	√
097	09	10	√
098	09	10	√
099	08	07	√
100	08	07	√

（8）用上期蓝号乘以 2 得出的数即为下期要杀的尾数。

表 6-8　蓝球号码（八）

期号	蓝号	杀下期蓝	正误
091	11	02 12	?
092	08	06 16	√
093	02	04 14	√
094	06	08	√
095	01	02 12	√
096	11	02 12	√
097	09	08	√
098	09	08	√
099	08	06 16	×
100	08	06 16	√

（9）用上期蓝号尾乘以 4 得出的数即是下期要杀的尾数。

表 6-9　蓝球号码（九）

期号	蓝号	杀下期蓝	正误
091	11	04 14	?
092	08	02 12	√
093	02	08	×
094	06	04 14	√
095	01	04 14	√
096	11	04 14	√
097	09	06 16	√
098	09	06 16	√
099	08	02 12	√
100	08	02 12	√

（10）用上期蓝号加 7 或减 7，注意蓝号大于 14 则减 7，小于 14 则加 7，得出杀尾。

表 6-10　蓝球号码（十）

期号	蓝号	杀下期蓝	正误
091	11	08	?
092	08	15	×
093	02	09	√
094	06	13	√
095	01	08	√
096	11	08	√
097	09	06 16	√
098	09	06 16	√
099	08	05 15	√
100	08	05 15	√

（11）用上期蓝号加 2 得出的数即为下期要杀的蓝号尾数。

表 6-11　蓝球号码（十一）

期号	蓝号	杀下期蓝	正误
091	11	03 13	?
092	08	10	√
093	02	04 14	√
094	06	08	√
095	01	03	√
096	11	03 13	√
097	09	01 11	√
098	09	01 11	√
099	08	10	√
100	08	10	√

（12）用上期蓝号加 6 等于的数就是下期蓝号要杀的尾数。

表 6-12　蓝球号码（十二）

期号	蓝号	杀下期蓝	正误
091	11	07	?
092	08	04 14	√
093	02	08	√
094	06	02 12	√
095	01	07	√
096	11	07	√
097	09	05 15	√
098	09	05 15	√
099	08	04 14	√
100	08	04 14	√

（13）绝杀公式：$L = A + B$。

式中，L 代表本期绝杀蓝球；A 代表上上期实际开出的蓝球；B 代表上期实际开出的蓝球。

绝杀原理：A＋B 的和为一个自然数时，直接杀该数，A＋B 的和为两位数时，取个位也就是尾数绝杀。A+B 的和为 0 时，绝杀 10。

表 6-13 蓝球号码（十三）

期号	蓝号	杀下期蓝	正误
091	11	?	?
092	08	?	?
093	02	09	√
094	06	08	√
095	01	07	√
096	11	02 12	√
097	09	10	√
098	09	08	√
099	08	07	×
100	08	06 16	√

（14）绝杀公式：L = A + 16。

式中，L 代表本期绝杀蓝球；A 代表上期实际开出蓝球号码。

绝杀原理：上期蓝球+16 的和均为两位数，取其个位也就是尾数作为本期绝杀号。尾数值为 0，绝杀 10。

表 6-14 蓝球号码（十四）

期号	蓝号	杀下期蓝	正误
091	11	07	?
092	08	04 14	√
093	02	08	√
094	06	02 12	√
095	01	07	√
096	11	07	√
097	09	05 15	√
098	09	05 15	√
099	08	04 14	√
100	08	04 14	√

（15）上期蓝球 S + G 绝杀法。

绝杀公式：L = S + G。

式中，L 代表本期绝杀蓝球；S 代表上期蓝球的十位数字；G 代表上期蓝球的个位数字。

绝杀原理：①上期蓝球大于 10，十位和个位直接相加，取和绝杀。②上期蓝球小于或等于 10，先加 16，如果相加后尾数为 0 时，再加 16，后将得数的十位和个位相加，相加后的和为绝杀数。

对应号：

上期出 01 下期杀 08；上期出 02 下期杀 09。

上期出 03 下期杀 10；上期出 04 下期杀 02。

上期出 05 下期杀 03；上期出 06 下期杀 04。

上期出 07 下期杀 05；上期出 08 下期杀 06。

上期出 09 下期杀 07；上期出 10 下期杀 08。

上期出 11 下期杀 02；上期出 12 下期杀 03。

上期出 13 下期杀 04；上期出 14 下期杀 05。

上期出 15 下期杀 06；上期出 16 下期杀 07。

表 6-15　蓝球号码（十五）

期号	蓝号	杀下期蓝	正误
091	11	02	？
092	08	06	√
093	02	09	√
094	06	04	√
095	01	08	√
096	11	02	√
097	09	07	√
098	09	07	√
099	08	06	√
100	08	06	√

（16）第一位红球尾数杀蓝。

表 6-16　蓝球号码（十六）

0	1	2	3	4	5	6	7	8	9
13	15	16	10	16	11	13	12	14	15

表 6-17　蓝球号码（十七）

期号	第一位与蓝码	杀下期蓝	正误
091	红 07 蓝 11	12	?
092	红 09 蓝 08	15	√
093	红 05 蓝 02	11	√
094	红 05 蓝 06	11	√
095	红 02 蓝 01	16	√
096	红 05 蓝 11	11	√
097	红 03 蓝 09	10	√
098	红 03 蓝 09	10	√
099	红 07 蓝 08	12	√
100	红 01 蓝 08	15	√

四、围蓝方法

（一）蓝球幻方图

16	02	03	13
05	11	10	08
09	07	06	12
04	14	15	01

图 6-1　蓝球幻方图

数字特征：

（1）每行四个数字之和等于 34；

（2）每列四个数字之和等于 34；

（3）对角线四个数字之和等于 34；

（4）四个角号之和等于 34；

（5）四个边角之和等于 34；

（6）四个中心号之和等于 34。

基本法则：

举例说明：若上期所出蓝球为 11，则以 11 为中心画出一个"十字"横线所在的号码 05、10、08 以及竖线所在的号码 02、07、14 成为下一期的围蓝。

（二）五期围蓝法

5 期蓝球相加，除以 5 的得数加减 1，再将每个数加减 1。

例如：预测 2019094 期蓝球。

2019089 期 11　2019090 期 04　2019091 期 11　2019092 期 08　2019093 期 02。

$(11 + 04 + 11 + 08 + 02)/5 = 7.2$　取 7。

$07 - 1 = 06$　$07 + 1 = 08$　06 07 08

$06 - 1 = 05$　$06 + 1 = 07$　$07 - 1 = 06$　$07 + 1 = 08$　$08 - 1 = 07$　$08 + 1 = 09$

围蓝：05 06 07 08 09　2019094 期出蓝 06　正确。

第七章　蓝球综合选号实战技法

本章将以预测 2019094 期蓝球号码为例，介绍蓝球综合选号实战技法。

一、围蓝方法

（一）尾数列围蓝

尾数列围蓝，就是利用尾数列来计算蓝球。取上期红球尾数，用其中最大尾减大于 1 的最小尾，再用最大尾加第二大尾，即得到一个蓝球的选号范围。

2019093 期开奖号码：05 07 08 09 20 22 + 02。

9 + 8 = 17　取 16　9 - 2 = 07 取 07 08 09 10 11 12 13 14 15 16。

（二）蓝球幻方图

16	02	03	13
05	11	10	08
09	07	06	12
04	14	15	01

图 7-1　蓝球幻方图

2019093 期蓝球开 02　围蓝：02 03 07 11 13 14 16。

（三）五期围蓝法

5 期蓝球相加，除以 5 的得数加减 1，再将每个数加减 1。

（11 + 04 + 11 + 08 + 02)/5 = 7.2　取 7。

07 – 1 = 06　　07 + 1 = 08　　06　07　08

06 – 1 = 05　　06 + 1 = 07　　07 – 1 = 06　　07 + 1 = 08　　08 – 1 = 07　　08 + 1 = 09

围蓝：05　06　07　08　09

二、杀蓝方法

（1）用 15 减去上期蓝球号码，得出的数就是下期要杀的蓝号尾数。

15 – 02 = 13　排除 03 13。

（2）用 19 减上期蓝号得出的数即为下期要杀的尾数。

19 – 02 = 07　排除 07。

（3）用 21 减上期蓝号得出的数就是下期要杀的尾数。

21 – 2 = 09　排除 09。

（4）用上两期蓝号的头和尾相加的数即为下期要杀的尾数。

092 期开出蓝 08。

093 期开出蓝 02　排除 02 12。

（5）用上两期蓝号的尾和头相加的数即为下期要杀的尾数。

092 期开出蓝 08。

093 期开出蓝 02　排除 08。

（6）用上两期蓝号尾相加得出的数就是下期要杀的尾数。

092 期开出蓝 08。

093 期开出蓝 02　排除 10。

（7）用上期蓝号尾与隔一期蓝号尾相加得出的数即为下期要杀的尾数。

091 期开出蓝 11。

092 期开出蓝 08。

093 期开出蓝 02　排除 03 13。

（8）用上期蓝号乘以 2 得出的数即为下期要杀的尾数。

$02 \times 2 = 4$　排除 04 14。

（9）用上期蓝号尾乘以 4 得出的数就是下期要杀的尾数。

$02 \times 4 = 8$　排除 08。

（10）用上期蓝号加 7 或减 7，注意蓝号大于 14 则减 7，小于 14 则加 7，得出杀尾。

$02 + 7 = 9$　排除 09。

（11）用上期蓝号加 2 得出的数即为下期要杀的蓝号尾数。

$02 + 2 = 4$　排除 04 14。

（12）用上期蓝号加 6 等于的数就是下期蓝号要杀的尾数。

$02 + 6 = 8$　排除 08。

（13）绝杀公式：$L = A + B$。

式中，L 代表本期绝杀蓝球；A 代表上上期实际开出的蓝球；B 代表上期实际开出的蓝球。

绝杀原理：A+B 的和为一个自然数时，直接杀该数。A+B 的和为两位数时，取个位也就是尾数绝杀。A+B 的和为 0 时，绝杀 10。

092 期开出蓝 08。

093 期开出蓝 02　$08 + 02 = 10$　排除 10。

（14）绝杀公式：$L = A + 16$。

式中，L 代表本期绝杀蓝球；A 代表上期实际开出蓝球号码。

绝杀原理：上期蓝球+16 的和均为两位数，取其个位也就是尾数作为本期绝杀号。尾数值为 0，绝杀 10。

$02 + 16 = 18$　排除 08。

（15）上期蓝球 S + G 绝杀法。

绝杀公式：$L = S + G$。

式中，L 代表本期绝杀蓝球；S 代表上期蓝球的十位数字；G 代表上期蓝球的个位数字。

绝杀原理：①上期蓝球大于 10，十位和个位直接相加，取和绝杀。②上期蓝球小于或等于 10，先加 16，如果相加后尾数为 0 时，再加 16，后将得数的十位和个位相加，相加后的和为绝杀数。

对应号：

上期出 01 下期杀 08；上期出 02 下期杀 09。

上期出 03 下期杀 10；上期出 04 下期杀 02。

上期出 05 下期杀 03；上期出 06 下期杀 04。

上期出 07 下期杀 05；上期出 08 下期杀 06。

上期出 09 下期杀 07；上期出 10 下期杀 08。

上期出 11 下期杀 02；上期出 12 下期杀 03。

上期出 13 下期杀 04；上期出 14 下期杀 05。

上期出 15 下期杀 06；上期出 16 下期杀 07。

02 排除 09。

（16）第一位红球尾数杀蓝。

表 7–1 尾数杀蓝

0	1	2	3	4	5	6	7	8	9
13	15	16	10	16	11	13	12	14	15

举例：

2019093 期开奖号码：05 07 08 09 20 22+02。

龙头取 5 尾，杀蓝 11。

（菠萝彩）矩阵杀蓝如下：

红球矩阵：　　　　　　　　　　蓝球矩阵：

A 01 06 11 16 21 26 31。　　　A 01 06 11 16。

B 02 07 12 17 22 27 32。　　　B 02 07 12。

C 03 08 13 18 23 28 33。　　　C 03 08 13。

D 04 09 14 19 24 29。　　　　D 04 09 14。

E 05 10 15 20 25 30。　　　　E 05 10 15。

将红球与蓝球分别按照 A、B、C、D、E 分为五组，上期红球开奖号码有两个或两个以上出现在同一组的时候，对照蓝球矩阵表，杀同组蓝球号码。

05E 07B 08C 09D 20E 22B　排除 B：02 07 12　E：05 10 15。

三、围蓝杀蓝

经过三种围蓝方法围出的蓝球大底是：02 03 05 06 07 08 09 10 11 12 13 14 15 16。

已经排除了两码。

经过重复杀号验证排除（原理：多个方法杀同一个蓝球正确率很高）：03 03 07 07 08 08 08 08 08 09 09 09 10 10 13 13 14 14，也可以利用连错验证方法进行验证。

剩余七码：02 05 06 11 12 15 16，2019094 期蓝球开出 06　正确。

方法还有很多，可以利用其他优质方法进行定号或杀号。

第八章　实战案例分析

通过前面所分析的步骤，我们有了大概的思路，下面以案例分析的形式讲解在不同情况下的实践与应用。

一、案例一：预测 2019003 期

（一）定位分析部分

1. 固定定位大底

第一位：01 02 03 04 05 06 07 08 09 10 11 12 13 14 15 16 17 18 19。

第二位：02 03 04 05 06 07 08 09 10 11 12 13 14 15 16 17 18 19 20 21 22 23 24。

第三位：04 05 06 07 08 09 10 11 12 13 14 15 16 17 18 19 20 21 22 23 24 25 26 27 28 29。

第四位：08 09 10 11 12 13 14 15 16 17 18 19 20 21 22 23 24 25 26 27 28 29 30。

第五位：10 11 12 13 14 15 16 17 18 19 20 21 22 23 24 25 26 27 28 29 30 31 32。

第六位：12 13 14 15 16 17 18 19 20 21 22 23 24 25 26 27 28 29 30 31 32 33。

2. 定位杀尾

（1）菠萝彩刀山算法。

2019001 期：06 10 13 15 32 33。

2019002 期：04 05 06 08 09 18。

转为 3D 号码：

2019001 期：603 523。

2019002 期：456 898。

两期相加减：

第一位：6＋4＝10　6－4＝2　排除 0 2 尾。

第二位：0＋5＝5　5－0＝5　排除 5 尾。

第三位：3＋6＝9　6－3＝3　排除 3 9 尾。

第四位：5＋8＝13　8－5＝3　排除 3 尾。

第五位：2＋9＝11　9－2＝7　排除 1 7 尾。

第六位：3＋8＝11　8－3＝5　排除 1 5 尾。

（2）双刀算法。

2019001 期：06 10 13 15 32 33。

2019002 期：04 05 06 08 09 18。

第一位：

001 期第一位：06。

002 期第一位：04。

交叉相加：0＋4＝4　0＋6＝6。

交叉相减：4－0＝4　6－0＝6。

定位一位排除 4 尾和 6 尾。

第二位：

001 期第二位：10。

002 期第二位：05。

交叉相加：1＋5＝6　0＋0＝0。

交叉相减：5－1＝4　0－0＝0。

定位二位排除 0 尾、4 尾和 6 尾。

第三位：

001 期第三位：13。

002 期第三位：06。

交叉相加：$3+0=3$　$6+1=7$。

交叉相减：$3-0=3$　$6-1=5$。

定位三位排除 3 尾、5 尾和 7 尾。

第四位：

001 期第四位：15。

002 期第四位：08。

交叉相加：$5+0=5$　$8+1=9$。

交叉相减：$5-0=5$　$8-1=7$。

定位四位排除 5 尾、7 尾和 9 尾。

第五位：

001 期第五位：32。

002 期第五位：09。

交叉相加：$2+0=2$　$9+3=12$。

交叉相减：$2-0=2$　$9-3=6$。

定位五位排除 2 尾和 6 尾。

第六位：

001 期第六位：33。

002 期第六位：18。

交叉相加：$3+1=4$　$8+3=11$。

交叉相减：$3-1=2$　$8-3=5$。

定位六位排除 1 尾、2 尾、4 尾和 5 尾。

（3）两种方法最终定位杀尾结果：

一位 0 2 4 6。

二位 0 4 5 6。

三位 3 5 7 9。

四位 3 5 7 9。

五位 1 2 6 7。

六位 1 2 4 5。

定位杀尾得到：

第一位：01 03 05 07 08 09 11 13 15 17 18 19。

第二位：02 03 07 08 09 11 12 13 17 18 19 21 22 23。

第三位：04 06 08 10 11 12 14 16 18 20 21 22 24 26 28。

第四位：08 09 10 11 12 14 16 18 20 21 22 24 26 28 30。

第五位：10 13 14 15 18 19 20 23 24 25 28 29 30。

第六位：13 16 17 18 19 20 23 26 27 28 29 30 33。

3. 菠萝彩定位杀号法

2018151 期 05 15 19 25 26 29。

2018152 期 04 14 16 23 28 29。

2018153 期 01 07 17 23 25 31。

2019001 期 06 10 13 15 32 33。

2019002 期 04 05 06 08 09 18。

一位 $(05 + 04 + 01 + 06 + 04)/5 = 04$　取 04。

二位 $(15 + 14 + 07 + 10 + 05)/5 = 10.2$　取 10。

三位 $(19 + 16 + 17 + 13 + 06)/5 = 14.2$　取 14。

四位 $(25 + 23 + 23 + 15 + 08)/5 = 18.8$　取 18。

五位 $(26 + 28 + 25 + 32 + 09)/5 = 24$　取 24。

六位 $(29 + 29 + 31 + 33 + 18)/5 = 28$　取 28。

定位杀号得到：

第一位：01 03 05 07 08 09 11 13 15 17 18 19。

第二位：02 03 07 08 09 11 12 13 17 18 19 21 22 23。

第三位：04 06 08 10 11 12 16 18 20 21 22 24 26 28。

第四位：08 09 10 11 12 14 16 20 21 22 24 26 28 30。

第五位：10 13 14 15 18 19 20 23 25 28 29 30。

第六位：13 16 17 18 19 20 23 26 27 29 30 33。

4. 尾数头数分析

第一位，2019003 期之前连续 14 期开出 0 字头号码，2019003 期看 1 字头出号。尾数没有可以分析的指标。

定位待选号码：

第一位：11 13 15 17 18 19。

第二位：12 13 17 18 19 21 22 23。

第三位：16 18 20 21 22 24 26 28。

第四位：20 21 22 24 26 28 30。

第五位：23 25 28 29 30。

第六位：26 27 29 30 33。

5. 龙头凤尾设定

龙头：将号码尾数分为 A：1 4 7、B：2 5 8 0、C：3 6 9 三组。以 5 期为一组会出现 ABABA、ABCAB 或者 ABCBA 几种情况。特殊情况下还会出现 ABACA 或者 ABACB 等。

前 4 期开出 04 01 06 04（A A C A），ACA 看 C 的循环，选择 C 组 3 6 9 尾号码。

前边定位一位已经选择了 1 字头号码。

凤尾已经选择了 26 及以后的号码。

第一位：13 19。

第二位：17 18 19 21 22 23。

第三位：18 20 21 22 24 26 28。

第四位：20 21 22 24 26 28 30。

第五位：23 25 28 29 30。

第六位：26 27 29 30 33。

6. 定位奇偶数分析

定位奇偶号码趋于平稳，不做分析。

7. 定位大小尾数分析

定位大小尾数趋于平稳，不做分析。

8. 定位质合数分析

质数：01 02 03 05 07 11 13 17 19 23 29 31。

合数：04 06 08 09 10 12 14 15 16 18 20 21 22 24 25 26 27 28 30 32 33。

定位质合号码趋于平稳，不做分析。

9. 定位 012 路分析

定位 012 路号码趋于平稳，不做分析。

10. 定位 012 路 3D 分析法

定位尾数 012 路号码趋于平稳，不做分析。

（二）定位围码

第一位：13 19（二选一）。

第二位：17 18 19 21 22 23（六选一）。

第三位：18 20 21 22 24 26 28（七选一）。

第四位：20 21 22 24 26 28 30（七选一）。

第五位：23 25 28 29 30（五选一）。

第六位：26 27 29 30 33（五选一）。

得到最少二选一、最多七选一的定位号码，其实难度还是有的，可以根据下面的组号分析来拉近与奖号之间的距离。手动进行组号有些费时费力，可以利用组号软件进行组号。上边的定位范围得到 540 注号码组合。

组合号码结果：

13 17 18 20 23 26   13 17 18 20 23 27

13 17 18 20 23 29   13 17 18 20 23 30

13 17 18 20 23 33   13 17 18 20 25 26

13 17 18 20 25 27   13 17 18 20 25 29

13 17 18 20 25 30   13 17 18 20 25 33

13 17 18 20 28 29   13 17 18 20 28 30

13 17 18 20 28 33   13 17 18 20 29 30

13 17 18 20 29 33   13 17 18 20 30 33

13 17 18 21 23 26   13 17 18 21 23 27
13 17 18 21 23 29   13 17 18 21 23 30
13 17 18 21 23 33   13 17 18 21 25 26
13 17 18 21 25 27   13 17 18 21 25 29
13 17 18 21 25 30   13 17 18 21 25 33
13 17 18 21 28 29   13 17 18 21 28 30
13 17 18 21 28 33   13 17 18 21 29 30
13 17 18 21 29 33   13 17 18 21 30 33
13 17 18 22 23 26   13 17 18 22 23 27
13 17 18 22 23 29   13 17 18 22 23 30
13 17 18 22 23 33   13 17 18 22 25 26
13 17 18 22 25 27   13 17 18 22 25 29
13 17 18 22 25 30   13 17 18 22 25 33
13 17 18 22 28 29   13 17 18 22 28 30
13 17 18 22 28 33   13 17 18 22 29 30
13 17 18 22 29 33   13 17 18 22 30 33
13 17 18 24 25 26   13 17 18 24 25 27
13 17 18 24 25 29   13 17 18 24 25 30
13 17 18 24 25 33   13 17 18 24 28 29
13 17 18 24 28 30   13 17 18 24 28 33
13 17 18 24 29 30   13 17 18 24 29 33
13 17 18 24 30 33   13 17 18 26 28 29
13 17 18 26 28 30   13 17 18 26 28 33
13 17 18 26 29 30   13 17 18 26 29 33
13 17 18 26 30 33   13 17 18 28 29 30
13 17 18 28 29 33   13 17 18 28 30 33
13 17 20 21 23 26   **13 17 20 21 23 27**
13 17 20 21 23 29   13 17 20 21 23 30
13 17 20 21 23 33   13 17 20 21 25 26

13	17	20	21	25	27	13	17	20	21	25	29
13	17	20	21	25	30	13	17	20	21	25	33
13	17	20	21	28	29	13	17	20	21	28	30
13	17	20	21	28	33	13	17	20	21	29	30
13	17	20	21	29	33	13	17	20	21	30	33
13	17	20	22	23	26	13	17	20	22	23	27
13	17	20	22	23	29	13	17	20	22	23	30
13	17	20	22	23	33	13	17	20	22	25	26
13	17	20	22	25	27	13	17	20	22	25	29
13	17	20	22	25	30	13	17	20	22	25	33
13	17	20	22	28	29	13	17	20	22	28	30
13	17	20	22	28	33	13	17	20	22	29	30
13	17	20	22	29	33	13	17	20	22	30	33
13	17	20	24	25	26	13	17	20	24	25	27
13	17	20	24	25	29	13	17	20	24	25	30
13	17	20	24	25	33	13	17	20	24	28	29
13	17	20	24	28	30	13	17	20	24	28	33
13	17	20	24	29	30	13	17	20	24	29	33
13	17	20	24	30	33	13	17	20	26	28	29
13	17	20	26	28	30	13	17	20	26	28	33
13	17	20	26	29	30	13	17	20	26	29	33
13	17	20	26	30	33	13	17	20	28	29	30
13	17	20	28	29	33	13	17	20	28	30	33
13	17	21	22	23	26	13	17	21	22	23	27
13	17	21	22	23	29	13	17	21	22	23	30
13	17	21	22	23	33	13	17	21	22	25	26
13	17	21	22	25	27	13	17	21	22	25	29
13	17	21	22	25	30	13	17	21	22	25	33
13	17	21	22	28	29	13	17	21	22	28	30

13 17 21 22 28 33　13 17 21 22 29 30

13 17 21 22 29 33　13 17 21 22 30 33

13 17 21 24 25 26　13 17 21 24 25 27

13 17 21 24 25 29　13 17 21 24 25 30

13 17 21 24 25 33　13 17 21 24 28 29

13 17 21 24 28 30　13 17 21 24 28 33

13 17 21 24 29 30　13 17 21 24 29 33

13 17 21 24 30 33　13 17 21 26 28 29

13 17 21 26 28 30　13 17 21 26 28 33

13 17 21 26 29 30　13 17 21 26 29 33

13 17 21 26 30 33　13 17 21 28 29 30

13 17 21 28 29 33　13 17 21 28 30 33

13 17 22 24 25 26　13 17 22 24 25 27

13 17 22 24 25 29　13 17 22 24 25 30

13 17 22 24 25 33　13 17 22 24 28 29

13 17 22 24 28 30　13 17 22 24 28 33

13 17 22 24 29 30　13 17 22 24 29 33

13 17 22 24 30 33　13 17 22 26 28 29

13 17 22 26 28 30　13 17 22 26 28 33

13 17 22 26 29 30　13 17 22 26 29 33

13 17 22 26 30 33　13 17 22 28 29 30

13 17 22 28 29 33　13 17 22 28 30 33

13 17 24 26 28 29　13 17 24 26 28 30

13 17 24 26 28 33　13 17 24 26 29 30

13 17 24 26 29 33　13 17 24 26 30 33

13 17 24 28 29 30　13 17 24 28 29 33

13 17 24 28 30 33　13 17 26 28 29 30

13 17 26 28 29 33　13 17 26 28 30 33

13 18 20 21 23 26　13 18 20 21 23 27

13	18	20	21	23	29	13	18	20	21	23	30
13	18	20	21	23	33	13	18	20	21	25	26
13	18	20	21	25	27	13	18	20	21	25	29
13	18	20	21	25	30	13	18	20	21	25	33
13	18	20	21	28	29	13	18	20	21	28	30
13	18	20	21	28	33	13	18	20	21	29	30
13	18	20	21	29	33	13	18	20	21	30	33
13	18	20	22	23	26	13	18	20	22	23	27
13	18	20	22	23	29	13	18	20	22	23	30
13	18	20	22	23	33	13	18	20	22	25	26
13	18	20	22	25	27	13	18	20	22	25	29
13	18	20	22	25	30	13	18	20	22	25	33
13	18	20	22	28	29	13	18	20	22	28	30
13	18	20	22	28	33	13	18	20	22	29	30
13	18	20	22	29	33	13	18	20	22	30	33
13	18	20	24	25	26	13	18	20	24	25	27
13	18	20	24	25	29	13	18	20	24	25	30
13	18	20	24	25	33	13	18	20	24	28	29
13	18	20	24	28	30	13	18	20	24	28	33
13	18	20	24	29	30	13	18	20	24	29	33
13	18	20	24	30	33	13	18	20	26	28	29
13	18	20	26	28	30	13	18	20	26	28	33
13	18	20	26	29	30	13	18	20	26	29	33
13	18	20	26	30	33	13	18	20	28	29	30
13	18	20	28	29	33	13	18	20	28	30	33
13	18	21	22	23	26	13	18	21	22	23	27
13	18	21	22	23	29	13	18	21	22	23	30
13	18	21	22	23	33	13	18	21	22	25	26
13	18	21	22	25	27	13	18	21	22	25	29

13 18 21 22 25 30　13 18 21 22 25 33

13 18 21 22 28 29　13 18 21 22 28 30

13 18 21 22 28 33　13 18 21 22 29 30

13 18 21 22 29 33　13 18 21 22 30 33

13 18 21 24 25 26　13 18 21 24 25 27

13 18 21 24 25 29　13 18 21 24 25 30

13 18 21 24 25 33　13 18 21 24 28 29

13 18 21 24 28 30　13 18 21 24 28 33

13 18 21 24 29 30　13 18 21 24 29 33

13 18 21 24 30 33　13 18 21 26 28 29

13 18 21 26 28 30　13 18 21 26 28 33

13 18 21 26 29 30　13 18 21 26 29 33

13 18 21 26 30 33　13 18 21 28 29 30

13 18 21 28 29 33　13 18 21 28 30 33

13 18 22 24 25 26　13 18 22 24 25 27

13 18 22 24 25 29　13 18 22 24 25 30

13 18 22 24 25 33　13 18 22 24 28 29

13 18 22 24 28 30　13 18 22 24 28 33

13 18 22 24 29 30　13 18 22 24 29 33

13 18 22 24 30 33　13 18 22 26 28 29

13 18 22 26 28 30　13 18 22 26 28 33

13 18 22 26 29 30　13 18 22 26 29 33

13 18 22 26 30 33　13 18 22 28 29 30

13 18 22 28 29 33　13 18 22 28 30 33

13 18 24 26 28 29　13 18 24 26 28 30

13 18 24 26 28 33　13 18 24 26 29 30

13 18 24 26 29 33　13 18 24 26 30 33

13 18 24 28 29 30　13 18 24 28 29 33

13 18 24 28 30 33　13 18 26 28 29 30

13 18 26 28 29 33   13 18 26 28 30 33
13 19 20 21 23 26   13 19 20 21 23 27
13 19 20 21 23 29   13 19 20 21 23 30
13 19 20 21 23 33   13 19 20 21 25 26
13 19 20 21 25 27   13 19 20 21 25 29
13 19 20 21 25 30   13 19 20 21 25 33
13 19 20 21 28 29   13 19 20 21 28 30
13 19 20 21 28 33   13 19 20 21 29 30
13 19 20 21 29 33   13 19 20 21 30 33
13 19 20 22 23 26   13 19 20 22 23 27
13 19 20 22 23 29   13 19 20 22 23 30
13 19 20 22 23 33   13 19 20 22 25 26
13 19 20 22 25 27   13 19 20 22 25 29
13 19 20 22 25 30   13 19 20 22 25 33
13 19 20 22 28 29   13 19 20 22 28 30
13 19 20 22 28 33   13 19 20 22 29 30
13 19 20 22 29 33   13 19 20 22 30 33
13 19 20 24 25 26   13 19 20 24 25 27
13 19 20 24 25 29   13 19 20 24 25 30
13 19 20 24 25 33   13 19 20 24 28 29
13 19 20 24 28 30   13 19 20 24 28 33
13 19 20 24 29 30   13 19 20 24 29 33
13 19 20 24 30 33   13 19 20 26 28 29
13 19 20 26 28 30   13 19 20 26 28 33
13 19 20 26 29 30   13 19 20 26 29 33
13 19 20 26 30 33   13 19 20 28 29 30
13 19 20 28 29 33   13 19 20 28 30 33
13 19 21 22 23 26   13 19 21 22 23 27
13 19 21 22 23 29   13 19 21 22 23 30

13 19 21 22 23 33　13 19 21 22 25 26

13 19 21 22 25 27　13 19 21 22 25 29

13 19 21 22 25 30　13 19 21 22 25 33

13 19 21 22 28 29　13 19 21 22 28 30

13 19 21 22 28 33　13 19 21 22 29 30

13 19 21 22 29 33　13 19 21 22 30 33

13 19 21 24 25 26　13 19 21 24 25 27

13 19 21 24 25 29　13 19 21 24 25 30

13 19 21 24 25 33　13 19 21 24 28 29

13 19 21 24 28 30　13 19 21 24 28 33

13 19 21 24 29 30　13 19 21 24 29 33

13 19 21 24 30 33　13 19 21 26 28 29

13 19 21 26 28 30　13 19 21 26 28 33

13 19 21 26 29 30　13 19 21 26 29 33

13 19 21 26 30 33　13 19 21 28 29 30

13 19 21 28 29 33　13 19 21 28 30 33

13 19 22 24 25 26　13 19 22 24 25 27

13 19 22 24 25 29　13 19 22 24 25 30

13 19 22 24 25 33　13 19 22 24 28 29

13 19 22 24 28 30　13 19 22 24 28 33

13 19 22 24 29 30　13 19 22 24 29 33

13 19 22 24 30 33　13 19 22 26 28 29

13 19 22 26 28 30　13 19 22 26 28 33

13 19 22 26 29 30　13 19 22 26 29 33

13 19 22 26 30 33　13 19 22 28 29 30

13 19 22 28 29 33　13 19 22 28 30 33

13 19 24 26 28 29　13 19 24 26 28 30

13 19 24 26 28 33　13 19 24 26 29 30

13 19 24 26 29 33　13 19 24 26 30 33

13 19 24 28 29 30   13 19 24 28 29 33

13 19 24 28 30 33   13 19 26 28 29 30

13 19 26 28 29 33   13 19 26 28 30 33

13 21 22 24 25 26   13 21 22 24 25 27

13 21 22 24 25 29   13 21 22 24 25 30

13 21 22 24 25 33   13 21 22 24 28 29

13 21 22 24 28 30   13 21 22 24 28 33

13 21 22 24 29 30   13 21 22 24 29 33

13 21 22 24 30 33   13 21 22 26 28 29

13 21 22 26 28 30   13 21 22 26 28 33

13 21 22 26 29 30   13 21 22 26 29 33

13 21 22 26 30 33   13 21 22 28 29 30

13 21 22 28 29 33   13 21 22 28 30 33

13 21 24 26 28 29   13 21 24 26 28 30

13 21 24 26 28 33   13 21 24 26 29 30

13 21 24 26 29 33   13 21 24 26 30 33

13 21 24 28 29 30   13 21 24 28 29 33

13 21 24 28 30 33   13 21 26 28 29 30

13 21 26 28 29 33   13 21 26 28 30 33

13 22 24 26 28 29   13 22 24 26 28 30

13 22 24 26 28 33   13 22 24 26 29 30

13 22 24 26 29 33   13 22 24 26 30 33

13 22 24 28 29 30   13 22 24 28 29 33

13 22 24 28 30 33   13 22 26 28 29 30

13 22 26 28 29 33   13 22 26 28 30 33

13 23 24 26 28 29   13 23 24 26 28 30

13 23 24 26 28 33   13 23 24 26 29 30

13 23 24 26 29 33   13 23 24 26 30 33

13 23 24 28 29 30   13 23 24 28 29 33

13 23 24 28 30 33　13 23 26 28 29 30

13 23 26 28 29 33　13 23 26 28 30 33

19 21 22 24 25 26　19 21 22 24 25 27

19 21 22 24 25 29　19 21 22 24 25 30

19 21 22 24 25 33　19 21 22 24 28 29

19 21 22 24 28 30　19 21 22 24 28 33

19 21 22 24 29 30　19 21 22 24 29 33

19 21 22 24 30 33　19 21 22 26 28 29

19 21 22 26 28 30　19 21 22 26 28 33

19 21 22 26 29 30　19 21 22 26 29 33

19 21 22 26 30 33　19 21 22 28 29 30

19 21 22 28 29 33　19 21 22 28 30 33

19 21 24 26 28 29　19 21 24 26 28 30

19 21 24 26 28 33　19 21 24 26 29 30

19 21 24 26 29 33　19 21 24 26 30 33

19 21 24 28 29 30　19 21 24 28 29 33

19 21 24 28 30 33　19 21 26 28 29 30

19 21 26 28 29 33　19 21 26 28 30 33

19 22 24 26 28 29　19 22 24 26 28 30

19 22 24 26 28 33　19 22 24 26 29 30

19 22 24 26 29 33　19 22 24 26 30 33

19 22 24 28 29 30　19 22 24 28 29 33

19 22 24 28 30 33　19 22 26 28 29 30

19 22 26 28 29 33　19 22 26 28 30 33

19 23 24 26 28 29　19 23 24 26 28 30

19 23 24 26 28 33　19 23 24 26 29 30

19 23 24 26 29 33　19 23 24 26 30 33

19 23 24 28 29 30　19 23 24 28 29 33

19 23 24 28 30 33　19 23 26 28 29 30

19 23 26 28 29 33   19 23 26 28 30 33

（三）组号分析部分

1. 奇偶比分析

10 期开奖号码的偶数开出 25 个。

10 期开奖号码的奇数开出 35 个。

相差 10 个，经此判断 2019003 期奇数出 3 个以上。

2. 大小比分析

10 期开奖号码大数开出 29 个。

10 期开奖号码小数开出 31 个。

大数与小数个数几乎均等，不做分析。

3. 质合比分析

质数：01 02 03 05 07 11 13 17 19 23 29 31。

合数：04 06 08 09 10 12 14 15 16 18 20 21 22 24 25 26 27 28 30 32 33。

10 期开奖号码质数开出 26 个。

10 期开奖号码合数开出 34 个。

相差 8 个，经此判断质数有提升出号概率的空间，但是质数号码比合数号码少，也就是说合数开出概率比质数概率高，相差 8 个属于一般偏态，我们要里外兼守。

上期质合比 1 : 5　根据概率选定较高的比值。①2 : 4 和 3 : 3 或 4 : 2；②重复 1 : 5。

4. 连号分析

利用开奖号码分析：

05 - 04 = 1　06 - 05 = 1　08 - 06 = 2　09 - 08 = 1

包括递增号以及和相同差值，判断下期有连号。

5. 重号与隔期号分析

隔一期号码连续两期未开出，判断下期有隔一期号码开出。

胆组：06 10 13 15 32 33。

6. 定律分析

定律一：和值以 120 为轴线做正弦曲线振荡。注意：上期是小和值，本期要关注比较大的和值，反过来也一样。

上期开出和值 50，属于小和值，看好下期在 80~130。

定律二：邻号规律。

邻号：因为前边定龙头为 13 和 19，所以 04 05 06 08 09 的邻号可以统统排除不计。选择 18 的邻号 17 和 19。

7. 定胆尾

（1）一、二位和五六位相加取尾并取±1。

04+05=9　取 8 9 0 尾　09+18=27　取 6 7 8 尾。

（2）第三位加 4 得数取尾；再加 3 取尾。

06+4=10　取 0 尾　0+3=3　取 3 尾。

8. 定胆码

利用对应易出号定胆：

04——15 18 21 14 17 20 23 26 29 32＝1－5。

05——14 16 20＝1－2。

06——14 27＝1。

08——13 16 26 33＝1－4。

09——21 31 13 23 33＝1－5。

18——13 16 23 26 33＝1－5。

（四）最终单式结果：11 注

13 17 18 20 23 27　13 17 18 20 25 27

13 17 20 21 23 27　**13 17 20 21 25 27**

13 17 20 22 23 27　13 17 20 24 25 27

13 19 20 21 23 27　13 19 20 21 25 27

13 19 20 22 23 27　13 19 20 22 25 27

13 19 20 24 25 27

开奖号码：13 17 20 21 22 27+01。

11 注当中包含 5 红三注。此案例未进行验证杀号。

二、案例二：预测 2019007 期

（一）定位分析部分

1. 固定定位大底

第一位：01 02 03 04 05 06 07 08 09 10 11 12 13 14 15 16 17 18 19。

第二位：02 03 04 05 06 07 08 09 10 11 12 13 14 15 16 17 18 19 20 21 22 23 24。

第三位：04 05 06 07 08 09 10 11 12 13 14 15 16 17 18 19 20 21 22 23 24 25 26 27 28 29。

第四位：08 09 10 11 12 13 14 15 16 17 18 19 20 21 22 23 24 25 26 27 28 29 30。

第五位：10 11 12 13 14 15 16 17 18 19 20 21 22 23 24 25 26 27 28 29 30 31 32。

第六位：12 13 14 15 16 17 18 19 20 21 22 23 24 25 26 27 28 29 30 31 32 33。

2. 定位杀尾

（1）菠萝彩刀山算法。

005 期：21 22 26 28 31 32。

006 期：01 05 10 19 26 28。

转为 3D 号码：

2019001 期：126 812。

2019002 期：150 968。

两期相加减：

第一位：$1+1=2$　　$1-1=0$　　排除 0 2 尾。

第二位：$2+5=7$　　$5-2=3$　　排除 3 7 尾。

第三位：$6+0=6$　　$6-0=6$　　排除 6 尾。

第四位：9＋8＝7　9－8＝1　排除１７尾。

第五位：1＋6＝7　6－1＝5　排除５７尾。

第六位：8＋2＝0　8－2＝6　排除０６尾。

（2）双刀算法。

005 期：21 22 26 28 31 32。

006 期：01 05 10 19 26 28。

第一位：

005 期第一位：21。

006 期第一位：01。

交叉相加：2＋1＝3　0＋1＝1。

交叉相减：2－1＝1　1－0＝1。

定位一位排除0尾和1尾。

第二位：

005 期第二位：22。

006 期第二位：05。

交叉相加：2＋5＝7　0＋2＝2。

交叉相减：5－2＝3　2－0＝2。

定位二位排除2尾、3尾和7尾。

第三位：

005 期第三位：26。

006 期第三位：10。

交叉相加：2＋0＝2　6＋1＝7。

交叉相减：2－0＝2　6－1＝5。

定位三位排除2尾、5尾和7尾。

第四位：

005 期第四位：28。

006 期第四位：19。

交叉相加：2＋9＝1　8＋1＝9。

交叉相减：9－2＝7　8－1＝7。

定位四位排除 1 尾、7 尾和 9 尾。

第五位：

005 期第五位：31。

006 期第五位：26。

交叉相加：3＋6＝9　　1＋2＝3。

交叉相减：6－3＝3　　2－1＝1。

定位五位排除 1 尾、3 尾和 9 尾。

第六位：

005 期第六位：32。

006 期第六位：28。

交叉相加：2＋2＝4　　8＋3＝1。

交叉相减：2－2＝0　　8－3＝5。

定位六位排除 0 尾、1 尾、4 尾和 5 尾。

（3）两种方法最终定位杀尾结果：

一位 0 1 2。

二位 2 3 7。

三位 2 5 6 7。

四位 1 7 9。

五位 1 3 5 7 9。

六位 0 1 4 5 6。

定位杀尾得到：

第一位：03 04 05 06 07 08 09 13 14 15 16 17 18 19。

第二位：04 05 06 08 09 10 11 14 15 16 18 19 20 21 24。

第三位：08 09 10 11 13 14 18 19 20 21 23 24 28 29。

第四位：10 12 13 14 15 16 18 20 22 23 24 25 26 28 30。

第五位：12 14 16 18 20 22 24 26 28 30 32。

第六位：13 17 18 19 22 23 27 28 29 32 33。

3. 菠萝彩定位杀号法

002 期 04 05 06 08 09 18。

003 期 13 17 20 21 22 27。

004 期 08 12 16 19 26 32。

005 期 21 22 26 28 31 32。

006 期 01 05 10 19 26 28。

一位 （04 + 13 + 08 + 21 + 01）/5 = 09。

二位 （05 + 17 + 12 + 22 + 05）/5 = 12。

三位 （06 + 20 + 16 + 26 + 10）/5 = 15。

四位 （08 + 21 + 19 + 28 + 19）/5 = 19。

五位 （09 + 22 + 26 + 31 + 26）/5 = 22。

六位 （18 + 27 + 32 + 32 + 28）/5 = 27。

第一位：03 04 05 06 07 08 13 14 15 16 17 18 19。

第二位：04 05 06 08 09 10 11 14 15 16 18 19 20 21 24。

第三位：08 09 10 11 13 14 18 19 20 21 23 24 28 29。

第四位：10 12 13 14 15 16 18 20 22 23 24 25 26 28 30。

第五位：12 14 16 18 20 24 26 28 30 32。

第六位：13 17 18 19 22 23 28 29 32 33。

4.尾数头数分析

003 期龙头出 13 断一区，005 期龙头出 21 断一区，连续两期断区，判断 007 期不断一区。

凤尾无明显特征，不做分析。

第一位：03 04 05 06 07 08。

第二位：04 05 06 08 09 10 11 14 15 16 18 19 20 21 24。

第三位：08 09 10 11 13 14 18 19 20 21 23 24 28 29。

第四位：10 12 13 14 15 16 18 20 22 23 24 25 26 28 30。

第五位：12 14 16 18 20 24 26 28 30 32。

第六位：13 17 18 19 22 23 28 29 32 33。

5.龙头凤尾设定

龙头 03~08，其中 03~06 为高概率出号范围，07 和 08 出号概率略低。将号码尾数分为 A：１４７、B：２５８０、C：３６９三组。以 5 期为一组会出现

ABABA、ABCAB 或者 ABCBA 几种情况。特殊情况下还会出现 ABACA 或者 ABACB 等。

前 5 期开出 ACBAA，按照 ABABA 的重复取号思路，可以得到：002 期 A；003 期 C；004 期 B；005 期 A；006 期 A。判断 006 期 A；007 期 C；008 期 B；009 期 A。由此判断 007 期出 C 组号码。

15 期出现 6 期偶数，9 期奇数，下期开龙头为偶数。

凤尾无明显特征，不做分析。

第一位：06。

第二位：08 09 10 11 14 15 16 18 19 20 21 24。

第三位：09 10 11 13 14 18 19 20 21 23 24 28 29。

第四位：10 12 13 14 15 16 18 20 22 23 24 25 26 28 30。

第五位：12 14 16 18 20 24 26 28 30 32。

第六位：13 17 18 19 22 23 28 29 32 33。

6. 定位奇偶数分析

特征不明显，不做分析。

7. 定位大小尾数分析

特征不明显，不做分析。

8. 定位质合数分析

质数：01 02 03 05 07 11 13 17 19 23 29 31。

合数：04 06 08 09 10 12 14 15 16 18 20 21 22 24 25 26 27 28 30 32 33。

第六位连续开出 6 期合数（最多出 7 期合数）；15 期开出合数 9 个，质数 6 个，判断下期质数占优。

第一位：06。

第二位：08 09 10 11 14 15 16 18 19 20 21 24。

第三位：09 10 11 13 14 18 19 20 21 23 24 28 29。

第四位：10 12 13 14 15 16 18 20 22 23 24 25 26 28 30。

第五位：12 14 16 18 20 24 26 28 30 32。

第六位：13 17 19 23 29。

9. 定位 012 路分析

第五位 004~006 期开出 2 路 1 路 2 路，走 12 数全开组合，判断下期出 1 路号码。

第一位：06。

第二位：08 09 10 11 14 15 16 18 19 20 21 24。

第三位：09 10 11 13 14 18 19 20 21 23 24 28 29。

第四位：10 12 13 14 15 16 18 20 22 23 24 25 26 28 30。

第五位：16 28。

第六位：17 19 23 29。

10. 定位 012 路 3D 分析法

001~003 期分别开出 021 路尾数，形成数全开规律，004~006 期连续开出 3 期 2 路尾数，依据 N 带一的规律，下期预测开出 01 路尾数号码。

11. 杀号

（1）蓝号杀下期红球。

006 期蓝号 12　待杀红球 12。

（2）AC 值杀下期红球。

006 期 AC 值 7　待杀红球 07。

（3）蓝球 + AC 值 = 杀红。

006 期蓝球 12 + AC 值 7 = 19　待杀红球 19。

（4）红球尾数之和杀下期红球。

006 期 1 + 5 + 0 + 9 + 6 + 8 = 29　待杀红球 29。

（5）红号第一位对称码杀红。

006 期第一位 01　待杀 33。

（6）和值杀号法。

开奖号码总和，拆分再次相加所得的值为下期杀号。

006 期和值 89　8 + 9 = 17　待杀 17。

（7）拆分杀号法。

开奖六红分别拆分相加（如：25，拆分为 2 + 5 = 7），拆分相加的值再进行相加，大于 33，减去 33；并取拆分相加的和值尾；取拆分相加的尾。

29＋6＝35　待杀 05 02 08。

（8）减 18 杀号法。

006 期开奖号码：01 05 10 19 26 28。

18－01＝17　18－05＝13　18－10＝08　19－18＝01　26－18＝08　28－18＝10。

待杀 01 08 08 10 13 17。

（9）上期开奖号码减去和值的拆分和值。

006 期开奖号码：01 05 10 19 26 28。

006 期和值 89　8＋9＝17。

17－01＝16　17－05＝12　17－10＝07　19－17＝02　26－17＝09　28－17＝11

待杀：02 07 09 11 12 16。

（10）上期开奖号码减去尾数和值的拆分和值。

006 期开奖号码：01 05 10 19 26 28。

006 期尾数和值 29　2＋9＝11。

11－01＝10　11－05＝06　11－10＝01　19－11＝08　26－11＝15　28－11＝17

待杀：01 06 08 10 15 17。

（11）连减杀号。

006 期开奖号码：01 05 10 19 26 28。

05－01＝04　10－01＝09　19－01＝18　26－01＝25　28－01＝27

09－04＝05　18－04＝14　25－04＝21　27－04＝23

14－05＝09　21－05＝16　23－05＝18

16－09＝07　18－09＝09　09－07＝02

待杀：02 04 05 07 09 09 09 14 16 18 18 21 23 25 27。

（12）降龙十八掌。

将六个号码从小到大排列，用 A、B、C、D、E、F 代替。以杀 2019027 期为例。

第一掌：

005 期：21 22 26 28 31 32＋07。

006 期：01 05 10 19 26 28＋12。

第二掌：

用上期（A＋B）得出的号码杀下期一码。

01＋05＝06　待杀 06。

第三掌：用（B－A）得出的号码杀下期一码。

05－01＝04　待杀 04。

第四掌：用（D＋A）杀下期号码（得出的号码如果大于 33 减去 33，下同）。

19＋01＝20　待杀 20。

第六掌：用（F－B＋1）杀下期号码。

28－05＋1＝24　待杀 24。

第七掌：用（F－B＋10）杀下期号码。

28－05＋10＝33　待杀 33。

第八掌：用（D－A＋7）杀下期号码。

19－01＋7＝25　待杀 25。

第九掌：用（A＋12）杀下期号码。

01＋12＝13　待杀 13。

第十掌：用（F－A）杀下期号码。

28－01＝27　待杀 27。

第十一掌：用（F＋蓝球）大于 33，减去 33 杀下期号码。

28＋12＝40　40－33＝07　待杀 07。

第十三掌：（B＋蓝球）杀下期号码。

05＋12＝17　待杀 17。

第十四掌：用（B＋C）杀下期号码。

05＋10＝15　待杀 15。

第十五掌：用（E－D＋10）杀下期号码。

26－19＋10＝17　待杀 17。

第十六掌：用上上期（B＋F＋1）大于 33 减去 33，得出的数就是下期要杀的号码。

22＋32＋1＝55　55－33＝22　待杀 22。

第十七掌：用上上期（B＋F＋1）大于 33 取尾，得出的数就是下期要杀的号码。

22 + 32 + 1 = 55　　待杀 05。

（第五掌、第十二掌和第十八掌进入休眠期，不做使用。）

综合所有杀号：

01 01 02 02 02 04 04 05 05 05 06 06 07 07 07 07 08 08 08 08 09 09 09 09 10 10 11 12 12 13 13 14 15 15 16 16 17 17 17 17 17 18 18 19 20 21 22 23 24 25 25 27 27 29 33 33。

经两种方法验证绝杀：07 08 09 17 05 02 27。

（二）定位围码

第一位：06（一选一）。

第二位：10 11 14 19 20 21 24（七选一）。

第三位：11 13 14 18 19 20 21 23 24 28 29（十一选一）。

第四位：12 13 14 15 18 20 22 23 24 25 26 28 30（十三选一）。

第五位：16 28（二选一）。

第六位：19 23 29（三选一）。

得到最少一选一、最多十三选一的定位号码，其实难度还是有的，可以根据下边的组号分析拉近与奖号之间的距离。手动进行组号有些费时费力，可以利用组号软件进行组号。上边的定位范围得到186注号码组合。

组合号码结果：

06 10 11 12 16 19　06 10 11 12 16 23

06 10 11 12 16 29　06 10 11 12 28 29

06 10 11 13 16 19　06 10 11 13 16 23

06 10 11 13 16 29　06 10 11 13 28 29

06 10 11 14 16 19　06 10 11 14 16 23

06 10 11 14 16 29　06 10 11 14 28 29

06 10 11 15 16 19　06 10 11 15 16 23

06 10 11 15 16 29　06 10 11 15 28 29

06 10 11 18 28 29　06 10 11 20 28 29

06 10 11 22 28 29　06 10 11 23 28 29

06 10 11 24 28 29 06 10 11 25 28 29

06 10 11 26 28 29 06 10 13 14 16 19

06 10 13 14 16 23 06 10 13 14 16 29

06 10 13 14 28 29 06 10 13 15 16 19

06 10 13 15 16 23 06 10 13 15 16 29

06 10 13 15 28 29 06 10 13 18 28 29

06 10 13 20 28 29 06 10 13 22 28 29

06 10 13 23 28 29 06 10 13 24 28 29

06 10 13 25 28 29 06 10 13 26 28 29

06 10 14 15 16 19　06 10 14 15 16 23

06 10 14 15 16 29 06 10 14 15 28 29

06 10 14 18 28 29 06 10 14 20 28 29

06 10 14 22 28 29 06 10 14 23 28 29

06 10 14 24 28 29 06 10 14 25 28 29

06 10 14 26 28 29 06 10 18 20 28 29

06 10 18 22 28 29 06 10 18 23 28 29

06 10 18 24 28 29 06 10 18 25 28 29

06 10 18 26 28 29 06 10 19 20 28 29

06 10 19 22 28 29 06 10 19 23 28 29

06 10 19 24 28 29 06 10 19 25 28 29

06 10 19 26 28 29 06 10 20 22 28 29

06 10 20 23 28 29 06 10 20 24 28 29

06 10 20 25 28 29 06 10 20 26 28 29

06 10 21 22 28 29 06 10 21 23 28 29

06 10 21 24 28 29 06 10 21 25 28 29

06 10 21 26 28 29 06 10 23 24 28 29

06 10 23 25 28 29 06 10 23 26 28 29

06 10 24 25 28 29 06 10 24 26 28 29

06 11 13 14 16 19 06 11 13 14 16 23

06 11 13 14 16 29　　06 11 13 14 28 29

06 11 13 15 16 19　　06 11 13 15 16 23

06 11 13 15 16 29　　06 11 13 15 28 29

06 11 13 18 28 29　　06 11 13 20 28 29

06 11 13 22 28 29　　06 11 13 23 28 29

06 11 13 24 28 29　　06 11 13 25 28 29

06 11 13 26 28 29　　06 11 14 15 16 19

06 11 14 15 16 23　　06 11 14 15 16 29

06 11 14 15 28 29　　06 11 14 18 28 29

06 11 14 20 28 29　　06 11 14 22 28 29

06 11 14 23 28 29　　06 11 14 24 28 29

06 11 14 25 28 29　　06 11 14 26 28 29

06 11 18 20 28 29　　06 11 18 22 28 29

06 11 18 23 28 29　　06 11 18 24 28 29

06 11 18 25 28 29　　06 11 18 26 28 29

06 11 19 20 28 29　　06 11 19 22 28 29

06 11 19 23 28 29　　06 11 19 24 28 29

06 11 19 25 28 29　　06 11 19 26 28 29

06 11 20 22 28 29　　06 11 20 23 28 29

06 11 20 24 28 29　　06 11 20 25 28 29

06 11 20 26 28 29　　06 11 21 22 28 29

06 11 21 23 28 29　　06 11 21 24 28 29

06 11 21 25 28 29　　06 11 21 26 28 29

06 11 23 24 28 29　　06 11 23 25 28 29

06 11 23 26 28 29　　06 11 24 25 28 29

06 11 24 26 28 29　　06 14 18 20 28 29

06 14 18 22 28 29　　06 14 18 23 28 29

06 14 18 24 28 29　　06 14 18 25 28 29

06 14 18 26 28 29　　06 14 19 20 28 29

06 14 19 22 28 29　06 14 19 23 28 29

06 14 19 24 28 29　06 14 19 25 28 29

06 14 19 26 28 29　06 14 20 22 28 29

06 14 20 23 28 29　06 14 20 24 28 29

06 14 20 25 28 29　06 14 20 26 28 29

06 14 21 22 28 29　06 14 21 23 28 29

06 14 21 24 28 29　06 14 21 25 28 29

06 14 21 26 28 29　06 14 23 24 28 29

06 14 23 25 28 29　06 14 23 26 28 29

06 14 24 25 28 29　06 14 24 26 28 29

06 19 20 22 28 29　06 19 20 23 28 29

06 19 20 24 28 29　06 19 20 25 28 29

06 19 20 26 28 29　06 19 21 22 28 29

06 19 21 23 28 29　06 19 21 24 28 29

06 19 21 25 28 29　06 19 21 26 28 29

06 19 23 24 28 29　06 19 23 25 28 29

06 19 23 26 28 29　06 19 24 25 28 29

06 19 24 26 28 29　06 20 21 22 28 29

06 20 21 23 28 29　06 20 21 24 28 29

06 20 21 25 28 29　06 20 21 26 28 29

06 20 23 24 28 29　06 20 23 25 28 29

06 20 23 26 28 29　06 20 24 25 28 29

06 20 24 26 28 29　06 21 23 24 28 29

06 21 23 25 28 29　06 21 23 26 28 29

06 21 24 25 28 29　06 21 24 26 28 29

（三）组号分析部分

1. 奇偶比分析

10 期开出：奇数 31 个，偶数 29 个，无法验证分析。

2. 大小比分析

10 期开出：大数 34，小数 26，34 - 26 = 8，下期看小数大于或等于 3 个。

3. 质合比分析

质数明显不占优势，所以我们以概率较高的比值来确定。

（1）出现概率较高的 2：4；3：3；4：2。

（2）防质数号码回补 5：1。

最终确定 2：4；3：3；4：2；5：1。

4. 连号分析

利用开奖号码分析：

006 期 05 - 01 = 04　10 - 05 = 05　出现 04 05。

出现递增号；

走势图分析：

出现 3 格、4 格、5 格，连续递增格数。

判断下期出现连号。

5. 重号与隔期号

无法判断出隔期号还是重复号，所以将两者汇总，排除杀号，其中斟酌胆码。

01 10 19 21 22 26 28 31 32。

6. 定律分析

定律：邻号规律。

邻号：04 06 09 11 18 20 25 27 29。

7. 定胆尾

方法一：

006 期第一位 + 第二位 01 + 05 = 6　取 567 尾。

006 期第五位 + 第六位 26 + 28 = 54　取 345 尾。

方法二：

006 期第三位 + 4　10 + 4 = 14　取 4 尾　4 + 3 = 7　取 7 尾　取 47 尾。

8. 定胆码

（1）同期 5、1 号码相减。

006 期 26 – 01 = 25　取 25。

（2）同期 1、3 号码相加。

006 期 01 + 10=11　取 11。

（3）两期 1 位号码相加。

005 期 006 期 21 + 01 = 22　取 22。

（4）同期 4、1 号码相减。

006 期 19 – 01 = 18　取 18。

（5）18 减上期第 1 位。

006 期 18 – 01 = 17　取 17。

（6）上期 2、1 号码相减。

006 期 05 – 01 = 04　取 04。

（7）上期第 5 位数减 3。

006 期 26 – 3 = 23　取 23。

（8）上期第 6 位数减 2。

006 期 28 – 2 = 26　取 26。

胆码分别是：04　11　18　22　23　25　26。

（四）最终单式结果：21 注

06 10 11 14 16 19　　06 10 11 14 16 23

06 10 11 14 16 29　　06 10 11 14 28 29

06 10 11 24 28 29　　06 10 13 14 16 23

06 10 14 15 16 23　　06 10 14 18 28 29

06 10 14 22 28 29　　06 10 14 23 28 29

06 10 14 25 28 29　　06 10 14 26 28 29

06 11 13 14 16 19　　06 11 13 14 28 29

06 11 13 24 28 29　　06 11 14 15 16 19

06 11 14 15 28 29　　06 11 14 22 28 29

06 11 14 23 28 29　　06 11 14 24 28 29

06 11 14 26 28 29

2019007 期开奖号码：06 10 14 15 19 23+15 保留五红。

三、案例三：预测 2019029 期

（一）定位分析部分

1. 固定定位大底

第一位：01 02 03 04 05 06 07 08 09 10 11 12 13 14 15 16 17 18 19。

第二位：02 03 04 05 06 07 08 09 10 11 12 13 14 15 16 17 18 19 20 21 22 23 24。

第三位：04 05 06 07 08 09 10 11 12 13 14 15 16 17 18 19 20 21 22 23 24 25 26 27 28 29。

第四位：08 09 10 11 12 13 14 15 16 17 18 19 20 21 22 23 24 25 26 27 28 29 30。

第五位：10 11 12 13 14 15 16 17 18 19 20 21 22 23 24 25 26 27 28 29 30 31 32。

第六位：12 13 14 15 16 17 18 19 20 21 22 23 24 25 26 27 28 29 30 31 32 33。

2. 定位杀尾

（1）菠萝彩刀山算法。

027 期：02 06 08 10 11 17。

028 期：04 19 22 26 29 30。

转为 3D 号码：

2019027 期：268 017。

2019028 期：492 690。

两期相加减：

第一位：4＋2＝6　4－2＝2　排除 2 6 尾。

第二位：9＋6＝5　9－6＝3　排除 3 5 尾。

第三位：8＋2＝0　8－2＝6　排除 0 6 尾。

第四位：$0+6=6$　$6-0=6$　排除 6 尾。

第五位：$1+9=0$　$9-1=8$　排除 0 8 尾。

第六位：$7+0=7$　$7-0=7$　排除 7 尾。

（2）双刀算法。

027 期：02 06 08 10 11 17。

028 期：04 19 22 26 29 30。

第一位：

027 期第一位：02。

028 期第一位：04。

交叉相加：$2+0=2$　$4+0=4$。

交叉相减：$2-0=2$　$4-0=4$。

定位一位排除 2 尾和 4 尾。

第二位：

027 期第二位：06。

028 期第二位：19。

交叉相加：$6+1=7$　$0+9=9$。

交叉相减：$6-1=5$　$9-0=9$。

定位二位排除 5 尾、7 尾和 9 尾。

第三位：

027 期第三位：08。

028 期第三位：22。

交叉相加：$2+8=0$　$0+2=2$。

交叉相减：$8-2=6$　$2-0=2$。

定位三位排除 0 尾、2 尾和 6 尾。

第四位：

027 期第四位：10。

028 期第四位：26。

交叉相加：$0+2=2$　$1+6=7$。

交叉相减：$2-0=2$　$6-1=5$。

定位四位排除 2 尾、5 尾和 7 尾。

第五位：

027 期第五位：11。

028 期第五位：29。

交叉相加：1＋2＝3　1＋9＝0。

交叉相减：2－1＝1　9－1＝8。

定位五位排除 0 尾、1 尾、3 尾和 8 尾。

第六位：

027 期第六位：17。

028 期第六位：30。

交叉相加：7＋3＝0　1＋0＝1。

交叉相减：7－3＝4　1－0＝1。

定位六位排除 0 尾、1 尾和 4 尾。

（3）两种方法最终定位杀尾结果：

一位 2 4。

二位 5 7 9。

三位 0 2 6。

四位 2 5 7。

五位 0 1 3 8。

六位 0 1 4。

定位杀尾得到：

第一位：01 03 05 06 07 08 09 10 11 13 15 16 17 18 19。

第二位：02 03 04 06 08 10 11 12 13 14 16 18 20 21 22 23 24。

第三位：04 05 07 08 09 11 13 14 15 17 18 19 21 23 24 25 27 28 29。

第四位：08 09 10 11 13 14 16 18 19 20 21 23 24 26 28 29 30。

第五位：12 14 15 16 17 19 22 24 25 26 27 29 32。

第六位：13 15 16 17 18 19 22 23 25 26 27 28 29 32 33。

3. 菠萝彩定位杀号法

024 期 01 08 23 25 28 29。

025 期 15 16 21 27 30 33。

026 期 03 13 15 19 20 27。

027 期 02 06 08 10 11 17。

028 期 04 19 22 26 29 30。

（01 + 15 + 03 + 02 + 04）/5 = 05　　取 05。

（08 + 16 + 13 + 06 + 19）/5 = 12.4　　取 12。

（23 + 21 + 15 + 08 + 22）/5 = 17.8　　取 17。

（25 + 27 + 19 + 10 + 26）/5 = 21.4　　取 21。

（28 + 30 + 20 + 11 + 29）/5 = 23.6　　取 23。

（29 + 33 + 27 + 17 + 30）/5 = 27.2　　取 27。

第一位：01 03 06 07 08 09 10 11 13 15 16 17 18 19。

第二位：02 03 04 06 08 10 11 13 14 16 18 20 21 22 23 24。

第三位：04 05 07 08 09 11 13 14 15 18 19 21 23 24 25 27 28 29。

第四位：08 09 10 11 13 14 16 18 19 20 23 24 26 28 29 30。

第五位：12 14 15 16 17 19 22 24 25 26 27 29 32。

第六位：13 15 16 17 18 19 22 23 25 26 28 29 32 33。

4. 尾数头数分析

尾数与头数没有显著特征，不做分析。

5. 龙头凤尾设定

将号码尾数分为 A：1 4 7、B：2 5 8 0、C：3 6 9 三组。以 5 期为一组会出现 ABABA、ABCAB 或者 ABCBA 几种情况。特殊情况下还会出现 ABACA 或者 ABACB 等。

前 5 期开出 ABCBA，按照 BCBAB 的取号思路，可以得到 029 期 B，由此得到 2 5 8 0 尾号码。

凤尾不做分析。

第一位：08 10 15 18。

第二位：10 11 13 14 16 18 20 21 22 23 24。

第三位：11 13 14 15 18 19 21 23 24 25 27 28 29。

第四位：13 14 16 18 19 20 23 24 26 28 29 30。

第五位：14 15 16 17 19 22 24 25 26 27 29 32。

第六位：15 16 17 18 19 22 23 25 26 28 29 32 33。

6. 定位奇偶数分析

不做分析。

7. 定位大小尾数分析

第一位 15 期开出小尾 13 个，大尾 2 个，判断下期出大尾数号码。

第四位 15 期开出小尾 6 个，大尾 9 个，并且前 6 期除了 027 期是小尾，其余 5 期均是大尾，判断下期出小尾。

第一位：08 15 18。

第二位：10 11 13 14 16 18 20 21 22 23 24。

第三位：11 13 14 15 18 19 21 23 24 25 27 28 29。

第四位：13 14 20 23 24 30。

第五位：14 15 16 17 19 22 24 25 26 27 29 32。

第六位：15 16 17 18 19 22 23 25 26 28 29 32 33。

8. 定位质合数分析

不做分析。

9. 定位 012 路分析

第一位前 3 期开出 026 期 0 路、027 期 2 路、028 期 1 路，形成数全开形态，一般情况下会重隔一期的路数，也就是 029 期隔一期的 027 期 2 路，所以我们选择 2 路号码。

第三位前 3 期开出 026 期 0 路、027 期 2 路、028 期 1 路，形成数全开形态，选择 2 路号码。

第五位连续 3 期开出 2 路号码，根据旺者恒旺的规律，继续选择 2 路，因为 2~3 期也可能会断 2 路，所以可以防一下 1 路号码。

第六位前 5 期开出 024 期 2 路、025 期 0 路、026 期 0 路、027 期 2 路、028 期 0 路，形成对立对子形态，判断下期出 0 路号码。

10. 定位 012 路 3D 分析法

不做分析。

（二）定位围码

第一位：08（一选一）。

第二位：10 11 13 14 16 18 20 21 22 23 24（十一选一）。

第三位：11 14 23 29（四选一）。

第四位：13 14 20 23 24 30（六选一）。

第五位：14 16 17 19 22 25 26 29 32（九选一）。

第六位：15 18 32 33（四选一）。

得到最少一选一、最多十一选一的定位号码，其实难度还是有的，可以根据下边的组号分析来拉近与奖号之间的距离。手动进行组号有些费时费力，可以利用组号软件进行组号。上边的定位范围得到 217 注号码组合。

组合号码结果：

08 10 11 13 14 15　　08 10 11 13 14 18

08 10 11 13 14 32　　08 10 11 13 14 33

08 10 11 13 16 18　　08 10 11 13 16 32

08 10 11 13 16 33　　08 10 11 13 17 18

08 10 11 13 17 32　　08 10 11 13 17 33

08 10 11 13 19 32　　08 10 11 13 19 33

08 10 11 13 22 32　　08 10 11 13 22 33

08 10 11 13 25 32　　08 10 11 13 25 33

08 10 11 13 26 32　　08 10 11 13 26 33

08 10 11 13 29 32　　08 10 11 13 29 33

08 10 11 13 32 33　　08 10 11 14 16 18

08 10 11 14 16 32　　08 10 11 14 16 33

08 10 11 14 17 18　　08 10 11 14 17 32

08 10 11 14 17 33　　08 10 11 14 19 32

08 10 11 14 19 33　　08 10 11 14 22 32

08 10 11 14 22 33　　08 10 11 14 25 32

08 10 11 14 25 33　　08 10 11 14 26 32

08 10 11 14 26 33	08 10 11 14 29 32
08 10 11 14 29 33	08 10 11 14 32 33
08 10 11 20 22 32	08 10 11 20 22 33
08 10 11 20 25 32	08 10 11 20 25 33
08 10 11 20 26 32	08 10 11 20 26 33
08 10 11 20 29 32	08 10 11 20 29 33
08 10 11 20 32 33	08 10 11 23 25 32
08 10 11 23 25 33	08 10 11 23 26 32
08 10 11 23 26 33	08 10 11 23 29 32
08 10 11 23 29 33	08 10 11 23 32 33
08 10 11 24 25 32	08 10 11 24 25 33
08 10 11 24 26 32	08 10 11 24 26 33
08 10 11 24 29 32	08 10 11 24 29 33
08 10 11 24 32 33	08 10 11 30 32 33
08 10 14 20 22 32	08 10 14 20 22 33
08 10 14 20 25 32	08 10 14 20 25 33
08 10 14 20 26 32	08 10 14 20 26 33
08 10 14 20 29 32	08 10 14 20 29 33
08 10 14 20 32 33	08 10 14 23 25 32
08 10 14 23 25 33	08 10 14 23 26 32
08 10 14 23 26 33	08 10 14 23 29 32
08 10 14 23 29 33	08 10 14 23 32 33
08 10 14 24 25 32	08 10 14 24 25 33
08 10 14 24 26 32	08 10 14 24 26 33
08 10 14 24 29 32	08 10 14 24 29 33
08 10 14 24 32 33	08 10 14 30 32 33
08 10 23 24 25 32	08 10 23 24 25 33
08 10 23 24 26 32	08 10 23 24 26 33
08 10 23 24 29 32	08 10 23 24 29 33

08 10 23 24 32 33　　08 10 23 30 32 33

08 10 29 30 32 33　　08 11 14 20 22 32

08 11 14 20 22 33　　08 11 14 20 25 32

08 11 14 20 25 33　　08 11 14 20 26 32

08 11 14 20 26 33　　08 11 14 20 29 32

08 11 14 20 29 33　　08 11 14 20 32 33

08 11 14 23 25 32　　08 11 14 23 25 33

08 11 14 23 26 32　　08 11 14 23 26 33

08 11 14 23 29 32　　08 11 14 23 29 33

08 11 14 23 32 33　　08 11 14 24 25 32

08 11 14 24 25 33　　08 11 14 24 26 32

08 11 14 24 26 33　　08 11 14 24 29 32

08 11 14 24 29 33　　08 11 14 24 32 33

08 11 14 30 32 33　　08 11 23 24 25 32

08 11 23 24 25 33　　08 11 23 24 26 32

08 11 23 24 26 33　　08 11 23 24 29 32

08 11 23 24 29 33　　08 11 23 24 32 33

08 11 23 30 32 33　　08 11 29 30 32 33

08 13 14 20 22 32　　08 13 14 20 22 33

08 13 14 20 25 32　　08 13 14 20 25 33

08 13 14 20 26 32　　08 13 14 20 26 33

08 13 14 20 29 32　　08 13 14 20 29 33

08 13 14 20 32 33　　08 13 14 23 25 32

08 13 14 23 25 33　　08 13 14 23 26 32

08 13 14 23 26 33　　08 13 14 23 29 32

08 13 14 23 29 33　　08 13 14 23 32 33

08 13 14 24 25 32　　08 13 14 24 25 33

08 13 14 24 26 32　　08 13 14 24 26 33

08 13 14 24 29 32　　08 13 14 24 29 33

08 13 14 24 32 33　　08 13 14 30 32 33

08 13 23 24 25 32　　08 13 23 24 25 33

08 13 23 24 26 32　　08 13 23 24 26 33

08 13 23 24 29 32　　08 13 23 24 29 33

08 13 23 24 32 33　　08 13 23 30 32 33

08 13 29 30 32 33　　08 14 23 24 25 32

08 14 23 24 25 33　　08 14 23 24 26 32

08 14 23 24 26 33　　08 14 23 24 29 32

08 14 23 24 29 33　　08 14 23 24 32 33

08 14 23 30 32 33　　08 14 29 30 32 33

08 16 23 24 25 32　　08 16 23 24 25 33

08 16 23 24 26 32　　08 16 23 24 26 33

08 16 23 24 29 32　　08 16 23 24 29 33

08 16 23 24 32 33　　08 16 23 30 32 33

08 16 29 30 32 33　　08 18 23 24 25 32

08 18 23 24 25 33　　08 18 23 24 26 32

08 18 23 24 26 33　　08 18 23 24 29 32

08 18 23 24 29 33　　08 18 23 24 32 33

08 18 23 30 32 33　　08 18 29 30 32 33

08 20 23 24 25 32　　08 20 23 24 25 33

08 20 23 24 26 32　　08 20 23 24 26 33

08 20 23 24 29 32　　08 20 23 24 29 33

08 20 23 24 32 33　　08 20 23 30 32 33

08 20 29 30 32 33　　08 21 23 24 25 32

08 21 23 24 25 33　　08 21 23 24 26 32

08 21 23 24 26 33　　08 21 23 24 29 32

08 21 23 24 29 33　　08 21 23 24 32 33

08 21 23 30 32 33　　08 21 29 30 32 33

08 22 23 24 25 32　　08 22 23 24 25 33

08 22 23 24 26 32　08 22 23 24 26 33

08 22 23 24 29 32　08 22 23 24 29 33

08 22 23 24 32 33　08 22 23 30 32 33

08 22 29 30 32 33　08 23 29 30 32 33

08 24 29 30 32 33

（三）组号分析部分

1. 奇偶分析

不做分析。

2. 大小数分析

不做分析。

3. 质合数分析

10 期开出质数 25 个，合数 35 个，35 − 25 = 10。

判断下期质数占优，因为质数比合数少，开出概率偏低，所以判断下期大于或等于 3 个。选择 3：3；4：2；5：1；：0。

4. 重号与隔期号

无法判断隔期与重号，将两组号码合并在一起。

08 10 11 17 19 22 26 29 30。

5. 定律分析

定律：邻号规律。

邻号：18 20 21 23 25 27 28 30 29 31。

6. 定胆尾

028 期第一位 + 第二位 04 + 19 = 23，取 2 3 4 尾。

028 期第五位 + 第六位 29 + 30 = 59，取 8 9 0 尾。

7. 缩水数据资料

双色球缩水资料制作方法参考《选号新思路——转换选号法（福彩卷)》进行缩水过滤。

08 11 14 20 22 32　08 11 14 20 22 33

08 11 14 23 25 32　08 11 14 23 25 33

08 11 14 23 26 32   08 11 14 23 26 33
08 11 14 23 29 32   08 11 14 23 29 33
08 11 14 23 32 33   08 11 14 24 25 32
08 11 14 24 25 33   08 11 14 24 26 32
08 11 14 24 26 33   08 11 14 24 29 32
08 11 14 24 29 33   08 11 14 24 32 33
08 11 23 24 25 32   08 11 23 24 25 33
08 11 23 24 26 32   08 11 23 24 26 33
08 11 23 24 29 32   08 11 23 24 29 33
08 11 23 24 32 33   08 11 23 30 32 33

2019029 期开奖号码：08 11 17 23 32 33＋10。

第九章　彩票中的境界

人们常说："生命诚可贵，爱情价更高。若为自由故，二者皆可抛。"在彩票当中也有境界，玩彩票，除了中奖，另外就是境界。

一、意境浅谈

许多人体会到彩票的无限魅力，更有一些人因为巨奖而使人生更加辉煌。彩票在培养良好心态、丰富业余生活和活跃大脑思维等方面把人们引入更深层的境界。

二、境界一：有理有据

在每个福利彩票投注站，人们都会把选号作为突出话题，相互交流彩经，仔细观看图表，认真研究号码。为了确定自己的"胆"码，有人会连续多时苦苦思索；为了使自己的复式更厚实，有人会画出多种曲线；为了使自己的单注更准确，有人会做出多种组合，细心推敲，反复琢磨，让自己离500万元近一些，让自己的梦想早日实现。有的彩民说："我选出的每个号码都有一定的说法，有重复码、边缘码、连码、重点区间冷码等，可能顾及太多，一时不能中奖，但我相信通过研究彩票能培养良好的思维习惯，这样玩起彩票才更有意思。"

三、境界二：自娱自乐

生活节奏越来越快，从某种角度而言，人们甚至感觉到被无形负担压得喘不过气来，人们希望通过业余生活来减轻工作和生活的压力。一些时尚的业余活动，或限于条件，或拘于金钱，使人们不敢涉足。比如攀岩运动，那种与冷酷山石较量、危险做伴的野外活动，使绝大多数人退却；比如航模，需要大笔的金钱投入，一般人承受不起。而彩票就不同了，哪怕你每周只用4 元钱，就能参与 2 期游戏活动，而快乐和希望将伴随你 7 天。4 元钱买来 7天的快乐和美好的希望，从娱悦心情方面来说，性价比可谓很高了。

四、境界三：诚心诚意

双色球，能为社会提供可观的福利基金，所以社会弱势群体的救助有了更加切实的保障。彩民对这种公益事业没有理由怀疑。衷心热爱福利彩票，真情参与彩票游戏，奉献自己的爱心，让自己的心情时时感受爱潮涌动，从而给自己一片温暖色彩，体味阳光味道。现在许多人都把拥护福利彩票事业作为时尚生活的一部分，并以"彩"为媒逐渐树立起了文明生活的理念。

五、意境所在

彩票乃是生活之中的娱乐添加剂，每种类型的彩票，其实都有着相同的意境。喜欢玩彩的朋友，不在少数。生活百态尽在其中，谁又能说生活是什么呢？小小的几位数字，涵盖的却是包罗万象、形形色色的社会。每一次的购彩都是一次对生活热爱的体现，对社会大爱的关注，彩票的境界意在其中。

六、意境突围

突破每个人每颗心的意境，让真善美常驻人间。其实每个社会人内心深处都有一方空地，等着被开采和挖掘，只是苦于没有一根绳子将心与心相连接。彩票作为一种媒介，让大家互动并互爱，也通过彩票界结识朋友，让内心深处的那一方空地成为更精彩的情怀。

附　录

附录一　龙头凤尾图表

一、龙头范围 01~19

（1）按概率高、中、低分。

附表 1-1

期号	01~06	07~12	13~19
2019001	06		
2019002	04		
2019003			13
2019004		08	
2019005			
2019006	01		
2019007	06		
2019008	02		
2019009	01		
2019010	02		

期号	01~06	07~12	13~19
2019011		10	
2019012		07	
2019013	05		
2019014	01		
2019015		11	
2019016	05		
2019017	04		
2019018	04		
2019019	03		
2019020	02		
2019021	02		
2019022	03		
2019023	01		
2019024	01		
2019025			15

（2）按区间分。

附表 1-2

期号	01~11	12~19
2019001	06	
2019002	04	
2019003		13
2019004	08	
2019005		
2019006	01	
2019007	06	
2019008	02	
2019009	01	
2019010	02	
2019011	10	

期号	01~11	12~19
2019012	07	
2019013	05	
2019014	01	
2019015	11	
2019016	05	
2019017	04	
2019018	04	
2019019	03	
2019020	02	
2019021	02	
2019022	03	
2019023	01	
2019024	01	
2019025		15

二、凤尾范围 12~33

按概率低、中、高分。

附表 1-3

期号	12~19	20~25	26~33
2019001			33
2019002	18		
2019003			27
2019004			32
2019005			32
2019006			28
2019007		23	
2019008			32
2019009			32

续表

期号	12~19	20~25	26~33
2019010			30
2019011			30
2019012			33
2019013		21	
2019014			33
2019015			31
2019016		25	
2019017			33
2019018			32
2019019		25	
2019020			28
2019021			27
2019022			33
2019023			31
2019024			29
2019025			33

　　根据以上附表，我们可以看到龙头凤尾的定位出号概率，根据概率的体现，加上前边的出号情况，结合分析，确定后边将要出现的号码范围。

附录二　定位图表

一、　第一位

附表 2-1

期数	奇数	偶数	质数	合数	大尾	小尾	0 路	1 路	2 路
2019001		06		06	06		06		
2019002		04		04		04		04	
2019003	13		13			13		13	
2019004		08		08	08				08
2019005	21			21		21	21		
2019006	01		01			01		01	
2019007		06		06	06		06		
2019008		02	02			02			02
2019009	01		01			01		01	
2019010		02	02			02			02
2019011		10		10		10		10	
2019012	07		07			07		07	
2019013	05		05		05				05
2019014	01		01			01		01	
2019015	11		11			11			11
2019016	05		05		05				05
2019017		04		04		04		04	
2019018		04		04		04		04	
2019019	03		03			03	03		
2019020		02	02			02			02
2019021		02	02			02			02

期数	奇数	偶数	质数	合数	大尾	小尾	0 路	1 路	2 路
2019022	03		03			03	03		
2019023	01		01			01		01	
2019024	01		01			01		01	
2019025	15			15	15		15		
2019026	03		03			03	03		
2019027		02	02			02			02
2019028		04		04		04		04	
2019029		08		08	08				08
2019030		04		04		04		04	
2019031	03		03			03	03		
2019032		04		04		04		04	
2019033	09			09	09		09		
2019034	09			09	09		09		
2019035	01		01			01		01	
2019036		02	02			02			02
2019037	01		01			01		01	
2019038	09			09	09		09		
2019039		06		06	06		06		
2019040	05		05			05			05
2019041		02	02			02			02
2019042	15			15	15		15		
2019043	01		01			01		01	
2019044		06		06	06		06		
2019045	01		01			01		01	
2019046		02	02			02			02
2019047	03		03			03	03		
2019048	03		03			03	03		
2019049	03		03			03	03		
2019050		04		04		04		04	

二、第二位

附表 2-2

期数	奇数	偶数	质数	合数	大尾	小尾	0 路	1 路	2 路
2019001		10		10		10		10	
2019002	05		05		05				05
2019003	17		17		17				17
2019004		12		12	12		12		
2019005		22		22	22			22	
2019006	05		05		05				05
2019007		10		10		10		10	
2019008		06		06	06		06		
2019009	07		07		07			07	
2019010		04		04		04		04	
2019011	13		13			13		13	
2019012		10		10		10		10	
2019013	07		07		07			07	
2019014		02	02			02			02
2019015	15			15	15		15		
2019016	07		07		07			07	
2019017	05		05		05				05
2019018	11		11			11			11
2019019	11		11			11			11
2019020		12		12		12	12		
2019021	05		05		05				05
2019022	07		07		07			07	
2019023		10		10		10		10	
2019024		08		08	08				08
2019025		16		16	16			16	
2019026	13		13			13		13	
2019027		06		06	06		06		

续表

期数	奇数	偶数	质数	合数	大尾	小尾	0 路	1 路	2 路
2019028	19		19		19			19	
2019029	11		11			11			11
2019030	05		05		05				05
2019031	13		13			13		13	
2019032		08		08	08				08
2019033	15			15	15		15		
2019034	11		11			11			11
2019035	05		05		05				05
2019036		10		10		10		10	
2019037	07		07		07			07	
2019038		12		12		12	12		
2019039	07		07		07			07	
2019040		06		06	06		06		
2019041	09			09	09		09		
2019042	17		17		17				17
2019043		06		06	06		06		
2019044		14		14		14			14
2019045		06		06	06		06		
2019046		12		12		12	12		
2019047	11		11			11			11
2019048	07		07		07			07	
2019049		10		10		10		10	
2019050		06		06	06		06		

三、第三位

附表 2-3

期数	奇数	偶数	质数	合数	大尾	小尾	0路	1路	2路
2019001	13		13			13		13	
2019002		06		06	06		06		
2019003		20		20		20			20
2019004		16		16	16			16	
2019005		26		26	26				26
2019006		10		10		10		10	
2019007		14		14		14			14
2019008	09			09	09		09		
2019009		10		10		10		10	
2019010	05		05		05				05
2019011	19		19		19			19	
2019012	21			21	21		21		
2019013		14		14	14				14
2019014	03		03			03	03		
2019015		16		16	16			16	
2019016	09			09	09		09		
2019017		24		24	24		24		
2019018		18		18	18		18		
2019019	17		17		17				17
2019020	13		13			13		13	
2019021	07		07		07			07	
2019022	11		11			11			11
2019023		14		14	14				14
2019024	23		23		23				23
2019025	21			21	21		21		
2019026	15			15	15		15		
2019027		08		08	08				08

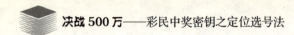

期数	奇数	偶数	质数	合数	大尾	小尾	0路	1路	2路
2019028		22		22		22		22	
2019029	17		17		17				17
2019030	07		07		07			07	
2019031	15			15	15		15		
2019032	09			09	09		09		
2019033	19		19		19			19	
2019034	15			15	15		15		
2019035	07		07		07			07	
2019036	13		13			13		13	
2019037		12		12		12	12		
2019038	21			21		21	21		
2019039	11		11			11			11
2019040	09			09	09		09		
2019041	13		13			13		13	
2019042	19		19		19			19	
2019043		12		12		12	12		
2019044		16		16	16			16	
2019045	17		17		17				17
2019046		16		16	16			16	
2019047		18		18	18		18		
2019048		10		10		10		10	
2019049	13		13			13		13	
2019050		10		10		10		10	

四、第四位

附表 2-4

期数	奇数	偶数	质数	合数	大尾	小尾	0路	1路	2路
2019001	15			15	15		15		
2019002		08		08	08				08
2019003	21			21		21	21		
2019004	19		19		19			19	
2019005		28		28	28			28	
2019006	19		19		19			19	
2019007	15			15	15		15		
2019008	13		13			13		13	
2019009		22		22		22		22	
2019010		08		08	08				08
2019011	21			21		21	21		
2019012	23		23			23			23
2019013		16		16	16			16	
2019014		14		14		14			14
2019015		20		20		20			20
2019016	11		11			11			11
2019017		28		28	28			28	
2019018	19		19		19			19	
2019019		18		18	18		18		
2019020	23		23			23			23
2019021		08		08	08				08
2019022	21			21		21	21		
2019023	15			15	15		15		
2019024	25			25	25			25	
2019025	27			27	27		27		
2019026	19		19		19			19	
2019027		10		10		10		10	

续表

期数	奇数	偶数	质数	合数	大尾	小尾	0路	1路	2路
2019028		26		26	26				26
2019029	23		23			23			23
2019030		10		10		10		10	
2019031		18		18	18		18		
2019032	13		13			13		13	
2019033	21			21		21	21		
2019034		22		22		22		22	
2019035	09			09	09		09		
2019036		16		16	16			16	
2019037		14		14		14			14
2019038	27			27	27		27		
2019039		14		14		14			14
2019040		18		18	18		18		
2019041	23		23			23			23
2019042		22		22		22		22	
2019043	13		13			13		13	
2019044	17		17		17				17
2019045	19		19		19			19	
2019046		22		22		22		22	
2019047	25			25	25			25	
2019048		12		12		12	12		
2019049		22		22		22		22	
2019050	11		11			11			11

五、第五位

附表 2-5

期数	奇数	偶数	质数	合数	大尾	小尾	0 路	1 路	2 路
2019001		32		32		32			32
2019002	09			09	09		09		
2019003		22		22		22		22	
2019004		26		26	26				26
2019005	31		31			31		31	
2019006		26		26	26				26
2019007	19		19			19		19	
2019008		28		28	28			28	
2019009	31		31			31		31	
2019010	11		11			11			11
2019011		24		24		24	24		
2019012	31		31			31		31	
2019013		18		18	18		18		
2019014	19		19			19		19	
2019015		24		24		24	24		
2019016	19		19			19		19	
2019017		30		30	30		30		
2019018		26		26	26				26
2019019		24		24		24	24		
2019020	27			27	27		27		
2019021		20		20		20			20
2019022		30		30	30		30		
2019023		18		18	18		18		
2019024		28		28	28			28	
2019025		30		30	30		30		
2019026		20		20		20			20
2019027	11		11			11			11

续表

期数	奇数	偶数	质数	合数	大尾	小尾	0路	1路	2路
2019028	29		29		29				29
2019029		32		32		32			32
2019030		12		12		12	12		
2019031	21			21		21	21		
2019032		28		28	28			28	
2019033	23		23			23			23
2019034		24		24		24	24		
2019035		10		10		10		10	
2019036	23		23			23			23
2019037		18		18	18		18		
2019038	29		29		29				29
2019039	27			27	27		27		
2019040	23		23			23			23
2019041		24		24		24	24		
2019042	25			25	25			25	
2019043		24		24		24	24		
2019044	23		23			23			23
2019045	27			27	27		27		
2019046	25			25	25			25	
2019047		30		30		30	30		
2019048		18		18	18		18		
2019049	23		23			23			23
2019050	21			21		21	21		

六、第六位

附表 2-6

期数	奇数	偶数	质数	合数	大尾	小尾	0 路	1 路	2 路
2019001	33			33		33	33		
2019002		18		18	18		18		
2019003	27			27	27		27		
2019004		32		32		32			32
2019005		32		32		32			32
2019006		28		28	28			28	
2019007	23		23			23			23
2019008		32		32		32			32
2019009		32		32		32			32
2019010		30		30		30	30		
2019011		30		30		30	30		
2019012	33			33		33	33		
2019013	21			21		21	21		
2019014	33			33		33	33		
2019015	31		31			31		31	
2019016	25			25	25			25	
2019017	33			33		33	33		
2019018		32		32		32			32
2019019	25			25	25			25	
2019020		28		28	28			28	
2019021	27			27	27		27		
2019022	33			33		33	33		
2019023	31		31			31		31	
2019024	29		29			29			29
2019025	33			33		33	33		
2019026	27			27	27		27		
2019027	17		17			17			17

续表

期数	奇数	偶数	质数	合数	大尾	小尾	0路	1路	2路
2019028		30		30		30	30		
2019029	33			33		33	33		
2019030		22		22		22		22	
2019031	33			33		33	33		
2019032	33			33		33	33		
2019033	29		29		29				29
2019034		26		26	26				26
2019035		20		20		20			20
2019036		32		32		32			32
2019037	25			25	25			25	
2019038		30		30		30	30		
2019039		32		32		32			32
2019040	31		31			31		31	
2019041		26		26	26				26
2019042		26		26	26				26
2019043		32		32		32			32
2019044	29		29		29				29
2019045	31		31			31		31	
2019046		32		32		32			32
2019047	33			33		33	33		
2019048	29		29		29				29
2019049		28		28	28			28	
2019050	23		23			23			23

　　根据以上附表，我们可以观察定位出号的奇偶、质合、大小尾和 012 路，分析前边的出号情况，来结合分析后边将要出现的号码范围。

附录三 菠萝彩 012 路规律应用

菠萝彩 012 路规律应用，来源于菠萝彩双色球微尔算法，可以通过该算法的分析规律分析 012 路号码。

一、规律一：顺连开

当近期开出 0-1-2 或 1-2，从小到大排序的形态时，称为顺连开，只有一种可能性，所以比较少见。

二、规律二：数全开

连续开出 012 路或 12 的任意组合都叫作数全开。

012 路数全开组合：012、102、120、201、210。

12 数全开组合：21。

数全开规律产生以后，未来走重复路线的选项应当多考虑。

三、规律三：N 带一

与玩扑克相同，几个数字带着另一个数字，称为 N 带一。如二带一，211、112、001、002、221、122……；三带一，2111、1112、0001、0002、2221、1222……；四带一，21111、11112、00001、00002、22221、12222……。它可能会同时连着出现多种相同的情况，如近期出现 112-112，下期时也会出现 112-1112 这种递增式的 N 带一。

案例：122-1222 与 12-12-1222 实际可以看成是一样的，12-12 也可以看成 122，所以它们两个的规律也可以是一样的。

四、规律四：极端数字

概率极低的事件，但还是出现了，叫作极端数字。比如看"热温冷"遗漏值中的 900 阵型或 108 阵型等，这种概率是极低的，但开奖期数多了，也是有可能出现的。

五、规律五：旺者恒旺

往往追冷不是好事，实战中经常看到冷条件，这种冷条件一般可以不跟，最多做备选，否则追进去就会变成追风，反而后悔。反之，最近常开的就要跟，这种状况很神奇，越是走热它越可能开出来，就越要跟进，越冷的就越不能跟。

六、规律六：对补数

012 路的对补数有两种形态，"对数"和"补数"。012 路对数形态：1-0、2-0、2-1（第一个比值大，第二个比值小）。012 路补数形态：0-1、0-2、1-2（第一个比值小，第二个比值大）。当上期开出 2，那么下期开 0，再下期开 1，形成 201 的同时，又是 20-01 对补数形态，近期若多开这种形态，就要跟进了，或是干脆与上期买相同的路数。

七、规律七：前后呼应

当开出 0-×××-0 或 00-××××××-00 （×为 1 或 2 都可以）这种形态时，叫作前后呼应。

八、规律八：对立对子

当开出 211 –（相隔 N 期）112 或是 112–211 时，叫作对立对子。

九、规律九：打破局

在随机数中，所谓的局指的是某些特征非常明显的结构，如"对立对子""N 带一""前后呼应""对补数"等，当局面达到一定饱和时，就会被打破，如：12–122–102，最后的 102 就是打破这个 12–122 的格局。

破局之后将重新开局，重新开局不会与上局一样，因而当判断"打破局"时，可选范围会很小，对选条件非常有帮助。

附录四　其他选号方法汇编

（1）上期的定位号码个位与十位相加取尾，杀下期定位尾数。

例如：2019028 期开奖号码：04 19 22 26 29 30。

第一位 0 + 4 = 4。

第二位 1 + 9 = 0。

第三位 2 + 2 = 4。

第四位 2 + 6 = 8。

第五位 2 + 9 = 1。

第六位 3 + 0 = 3。

2019029 期开奖号码：08 11 17 23 32 33，第六位出现错误。

例如：2019029 期开奖号码：08 11 17 23 32 33。

第一位 0 + 8 = 8。

第二位 1 + 1 = 2。

第三位 1 + 7 = 8。

第四位 2 + 3 = 5。

第五位 3 + 2 = 5。

第六位 3 + 3 = 6。

2019030 期开奖号码：04 05 07 10 12 22，全部正确。

例如：2019030 期开奖号码：04 05 07 10 12 22。

第一位 0 + 4 = 4。

第二位 0 + 5 = 5。

第三位 0 + 7 = 7。

第四位 1 + 0 = 1。

第五位 1 + 2 = 3。

第六位 2 + 2 = 4。

2019031 期开奖号码：03 13 15 18 21 33，全部正确。

（2）上期的定位号码个位与十位相减取尾，杀下期定位尾数。

例如：2019028 期开奖号码：04 19 22 26 29 30。

第一位 4 − 0 = 4。

第二位 9 − 1 = 8。

第三位 2 − 2 = 0。

第四位 6 − 2 = 4。

第五位 9 − 2 = 7。

第六位 3 − 0 = 3。

2019029 期开奖号码：08 11 17 23 32 33，第六位出现错误。

例如：2019029 期开奖号码：08 11 17 23 32 33。

第一位 8 − 0 = 8。

第二位 1 − 1 = 0。

第三位 7 − 1 = 6。

第四位 3 − 2 = 1。

第五位 3 − 2 = 1。

第六位 3 − 3 = 0。

2019030 期开奖号码：04 05 07 10 12 22，全部正确。

例如：2019030 期开奖号码：04 05 07 10 12 22。

第一位 4 – 0 = 4。

第二位 5 – 0 = 5。

第三位 7 – 0 = 7。

第四位 1 – 0 = 1。

第五位 2 – 1 = 1。

第六位 2 – 2 = 0。

2019031 期开奖号码：03 13 15 18 21 33，第五位出现错误。

（3）上期每个位置的号码个位与十位互换，在与开奖号码本身相加减取尾，杀下期定位尾数。

例如：2019028 期开奖号码：04 19 22 26 29 30。

第一位 04 转 40 – 04 = 36　40 + 04 = 44　取尾 4 和 6。

第二位 19 转 91 – 19 = 72　91 + 19 = 110　取尾 0 和 2。

第三位 22 转 22 – 22 = 0　22 + 22 = 44　取尾 0 和 4。

第四位 26 转 62 – 26 = 36　62 + 26 = 88　取尾 6 和 8。

第五位 29 转 92 – 29 = 63　92 + 29 = 121　取尾 1 和 3。

第六位 30 转 30 – 03 = 27　30 + 03 = 33　取尾 3 和 7。

2019029 期开奖号码：08 11 17 23 32 33，第六位出现错误。

例如：2019029 期开奖号码：08 11 17 23 32 33。

第一位 08 转 80 – 08 = 72　80 + 08 = 88　取尾 2 和 8。

第二位 11 转 11 – 11 = 0　11 + 11 = 22　取尾 0 和 2。

第三位 17 转 71 – 17 = 54　71 + 17 = 88　取尾 4 和 8。

第四位 23 转 32 – 23 = 9　32 + 23 = 55　取尾 5 和 9。

第五位 32 转 32 – 23 = 9　32 + 23 = 55　取尾 5 和 9。

第六位 33 转 33 – 33 = 0　33 + 33 = 66　取尾 0 和 6。

2019030 期开奖号码：04 05 07 10 12 22，全部正确。

例如：2019030 期开奖号码：04 05 07 10 12 22。

第一位 04 转 40 – 04 = 36　40 + 04 = 44　取尾 4 和 6。

第二位 05 转 50 − 05 = 45　　50 + 05 = 55　　取尾 5。

第三位 07 转 70 − 07 = 63　　70 + 07 = 77　　取尾 3 和 7。

第四位 10 转 10 − 01 = 9　　10 + 01 = 11　　取尾 1 和 9。

第五位 12 转 21 − 12 = 9　　21 + 12 = 33　　取尾 3 和 9。

第六位 22 转 22 − 22 = 0　　22 + 22 = 44　　取尾 0 和 4。

2019031 期开奖号码：03 13 15 18 21 33，全部正确。

（4）高概率出尾数方法：红球 01~33 均值为 17，17 取尾 7，并加 1 减 1，取左右两码，６７８尾数号码基本上每期都会开出来。

附表 4–1

期号	开奖号码	６７８尾开出情况
2019078	01 17 27 29 31 33	17 27
2019079	01 03 06 09 19 31	06
2019080	03 06 08 20 24 32	08
2019081	05 24 27 29 31 32	27
2019082	07 16 19 22 24 28	07 16 28
2019083	06 15 17 26 28 31	06 17 26 28
2019084	04 08 14 18 20 27	08 18 27
2019085	01 04 14 18 24 29	18
2019086	16 22 24 26 28 31	16 26 28
2019087	04 05 07 09 21 30	07
2019088	13 14 15 21 23 29	未出
2019089	02 04 14 16 20 22	16
2019090	02 03 06 08 14 22	06 08
2019091	07 10 21 24 29 32	07
2019092	09 17 27 28 32 33	17 27 28
2019093	05 07 08 09 20 22	07 08
2019094	05 10 12 18 19 27	18 27
2019095	02 05 14 19 21 28	28
2019096	05 07 12 18 27 32	07 18 27
2019097	03 05 18 24 25 31	18
2019098	03 11 12 14 17 26	17 26
2019099	07 14 22 23 27 30	07 27

　　总共用 22 期开奖号码进行了验证，只有 2019088 期没有开出 6 7 8 尾的号码，可以看出出号概率是相当高的。

　　（5）加 2 减 2 定胆组法：利用上期开奖号码的每一位号码加 2 减 2，得到的号码组合在一起作为胆组。

　　例如：2019097 期开奖号码：03 05 18 24 25 31。

03 + 2 = 05　　05 + 2 = 07　　18 + 2 = 20　　24 + 2 = 26　　25 + 2 = 27　　31 + 2 = 33

03 − 2 = 01　　05 − 2 = 03　　18 − 2 = 16　　24 − 2 = 22　　25 − 2 = 23　　31 − 2 = 29

2019098 期开奖号码：03 11 12 14 17 26，中出 03 26。

　　例如：2019098 期开奖号码：03 11 12 14 17 26。

03 + 2 = 05　　11 + 2 = 13　　12 + 2 = 14　　14 + 2 = 16　　17 + 2 = 19　　26 + 2 = 28

03 − 2 = 01　　11 − 2 = 09　　12 − 2 = 10　　14 − 2 = 12　　17 − 2 = 15　　26 − 2 = 24

2019099 期开奖号码：07 14 22 23 27 30，中出 14。

后　记

本书是笔者把日常买彩中学习的方法加以提炼凝结，以提高中奖概率而写成的一本专著。书中有"双刀算法""连号分析法"等笔者原创方法。笔者还会不断地创新方法、创新思路，让彩友们在奉献爱心的同时，可以大大提高中奖概率。

本书先分析每个号码的情况，再总体分析大数据情况，得到的号码更有针对性、更有把握。

彩票选号是用实际的策略和方法过滤，本书诠释了方法和技巧，并精准验证，演示实战案例，相信彩民朋友一定会喜欢。

由于数据涉及广泛，错误之处在所难免，请广大彩民、读者批评指正。

彩乐乐